Alec Woods

Kirche und Corona
Kirchlicher Hochmut und klerikales Versagen

Alec Woods

Kirche und Corona

Kirchlicher Hochmut und klerikales Versagen

Rediroma-Verlag

Bibliografische Information der Deutschen Nationalbibliothek:
Die Deutsche Nationalbibliothek verzeichnet diese Publikation in der Deutschen Nationalbibliografie; detaillierte bibliografische Daten sind im Internet über http://portal.dnb.de abrufbar.

ISBN 978-3-98527-615-8

Umschlagillustration: Iryna Budanova (shutterstock.com)

www.rediroma-verlag.de
9,95 Euro (D)

Inhalt

Einleitung

Im Jahr 2019 begann das Coronavirus von China aus seinem tödlichen Feldzug. Ein Jahr später hatte es den gesamten Erdball überrollt und die Menschen hatten dem Leid und dem Tod lange Zeit nichts entgegenzusetzen. Schon gar nicht die vielen Glaubensgemeinschaften. Besonders hervorstechend waren vereinzelte Protagonisten des höheren und hohen Klerus. Sie sprachen viel, taten aber wenig für die Gemeinschaft. Sie handelten im Verborgenen – nur zu ihrem Vorteil. Was ich damit meine, ist, dass sie viel von dem, was sie zu viel haben, im Verborgenen ließen und so den Bedürftigen in ihrer schweren Zeit vorenthielten. Was sie nicht im Verborgenen taten, war das Betteln um Spenden für Bedürftige. Wie sich die feine kirchliche Gesellschaft in dieser schweren Zeit zum Unguten gegenüber den Menschen zeigte, sich äußerte, will ich hier nur ein klein wenig wiedergeben. Eines ist sicher, mit der echten Solidarität gegenüber dem einfachen Volk, auch den Unchristlichen, war es nicht weit her. Doch machten sie viel eher Propaganda, als zu helfen – letztlich war es aber eher Selbsthilfe. Eine kleine Einschränkung muss ich doch machen. In den Niederungen des klerikalen Verbundes gab es die „einfachen“, die leuchtenden Priester, die, wenn man sie um Hilfe bat, sich nicht gleich wie ein Dornen-, Distel- und Brennnesselhaufen verteidigten. Sie zeigten sich in ihrer Hingabe vergleichbar mit bunten Blumen, die Freude wecken wollen. Blumen, die durch ihre farbige Strahlkraft und ihrem herrlichen Duft weiter und wieder Freude an einem Leben weckten, in dem man fast schon keinen Sinn mehr sah. Dufte, dass es diese Menschen eher in geringer

Zahl unter den Männern und Frauen der Kirchen doch noch gibt. Schade nur, dass sich das bei einigen von ihnen zum Leidwesen der Menschen zum Unguten ändert. Nein, ich bin kein Hellseher, doch ist es oft so, wenn sie den Aufstieg in der Kirchenhierarchie schaffen. Warum nur?

Nun aber zum Eigentlichen.
Seitens der Prediger dachte man und tat es lautstark kund, dass man es mit Gebeten und Bittgesuchen an Gott schaffen kann, das Covid-19-Virus, besiegen zu können. Sie waren entweder sehr naiv oder extrem dummgläubig, um die Realität nicht zu erkennen, dass man Corona nicht mit Gebeten, Weihrauch und Scharlatanerie besiegen kann. Doch man versuchte es … mit null kirchlichem Erfolg. Die Einsicht und das Erkennen, dass kirchliches „Zauberwerk“ nicht den Sieg über Corona bringt, kam nicht bei den hohen Herren der Kirche an. Nein, daraus resultierte oft peinliches Schauspiel, welches ich hier in dieses Buch geschrieben habe. War an dem oft lächerlichen bis unverschämten Verhalten der Kirchenherren das Virus schuld? Ich weiß es nicht und ich glaube es auch nicht, dass es so war. Sie, die Mächtigen der Kirche, wussten, was sie taten und sagten und dass sie damit die Menschen für dumm verkauften. Doof wie ihre Kirchenschafe. Ihre Einstellung zu Corona war fast schon, anfänglich zumindest, tödlicher (gedanklicher) Natur. Motto: „Was man nicht mit Gebeten, Weihrauch und Weihwasser besiegen kann, kann nie besiegt werden. Also machen wir (für uns) das Beste daraus. Als erstes schützen wir uns vor Not, Elend und wenn möglich vor dem Tod – durch Corona.“ Nachtrag: „Nach uns

die Sinn(t)flut und, jeder ist sich selbst der Nächste und wir sind uns am nächsten – Amen."

Die so oft zu sorglos gezeigte Einstellung zum Coronavirus, besonders durch die Priesterschaft, könnte nicht zuletzt auch auf die dumm dreiste Äußerung eines Weihbischofs zurückzuführen sein, der in der heftigsten und kaum zu kontrollierenden Corona-Pandemie-Zeit sagte, dass das Covid-19-Virus bei der Heiligen Eucharistie nicht übertragen werden könne bzw. niemanden bedrohe. Und da soll man nicht ein klein wenig dazu sagen oder schreiben dürfen? Nein, nicht mit mir. Den Klerikern mit den überhöhten Anmaßungen, nur sie seien unfehlbar, muss man sich doch auch mal entgegenstellen dürfen. Oder ihnen ihre Borniertheit spiegeln. Besonders bei den Ollen, die schon nicht mehr wissen, was sie sagen. Und dann auch noch in der Corona-Pandemie-Zeit. Einer Zeit, in der sie doch in der Mehrzahl waren, denen sich der Virus am liebsten näherte, um sie wie von Geisterhand zu ihrem Herrn zu „empfehlen". Befohlen von ihrem Gott.

Nun ja, wie auch immer, ich kann, wollte, und habe mich zu verschiedenen seltsamen Dingen der kirchlichen Riege in dieser unschönen und sehr Leid bringenden Zeit geäußert. Und siehe da, die Kirchenvertreter kommen gar nicht gut weg. Wundert mich das? Nein, ganz sicher nicht. Sie sind durch ihr Verhalten in der Mehrzahl selbst daran schuld.

Was habe ich davon? Eigentlich nichts. Außer, dass man mir Stoff zum Schreiben gab, wo ich doch stets auf der

Suche bin, über die katholische Bruderschaft und ihre wirren Eigenheiten berichten zu können. Danke, liebe Katholikenvorsteher, für neues Material. Und dem Leser wünsche ich gute Unterhaltung. Ach ja, wenn auch hin und wieder der Kopf bei dem, was er/sie gelesen hat, geschüttelt wird, dann bitte darauf achten, dass man sich nicht das Genick verrenkt.

So, und wer denkt, ich sei ein Zyniker, hat recht damit.

Liebe Grüße
Alec Woods

Wir befinden uns (jetzt nicht mehr) in den Jahren 2020/22 nach Christus. Ganz Europa war von dem Krönungsvirus Covid-19 heimgesucht. Und was war in den Kirchen los? Nichts, nur Totenstille, weil die Kirchen für viele Wochen nicht mehr besetzt waren. Gähnende, langweilige Leere in den Gotteshäusern, wohin man schaute. Geheult wurde auch viel – von den Männern der Kirche. Warum? Weil sie Angst hatten, das Geld ihrer Schäfchen zu verlieren. Sogar die Heiligenfiguren langweilten sich, was man an den geknickten Erscheinungsbildern heute noch sehen kann. Viele Gläubige hatten das Coronavirus in sich, da half auch die Jungfrau Maria nicht – die Beschützerin von allem und jedem. Und so durften die Gottesanbeter die kirchlichen Gebäude nicht mehr besuchen und die Bänke besetzen. Viele von ihnen wussten gar nicht, dass sie das Virus in sich trugen. Das setzt dem Ganzen im Nachhinein noch die (schmerzbringende) Krone auf. In manchen Kirchen schien es fast so, als ob man seitens der Vorbeter froh gewesen sei, endlich diese aufwendigen Gottesdienste losgeworden zu sein. Bei den wenigen Gläubigen auch kein Wunder, wenn es so war. Fast möchte man meinen, dass man sich die „Kranken“ vom Leib halten wollte. Motto: „Da kommst du mir nicht rein, oder wenn du Hilfe brauchst, dann such dir einen Arzt, der dir hilft. Wir von der Kirche sind es nicht – zumindest viele von der Kirche sind es nicht.“
Das Virus kam noch rechtzeitig, um der Kirche zur Seite zu stehen, um nicht nur „lästige Gläubige“ von den Gotteshäusern fernzuhalten. Auf die wenigen legten sie ohnehin keinen Wert mehr, um speziell für sie aufzustehen und salbungsvollen Quatsch zu predigen, an den sie selbst nicht glauben. Mein Gott, warum auch, den gibt es sowieso nicht.

Kann es sein, dass, egal, in welcher Kirche, die Vorstellung vorherrschte, kirchliche Messen seien ein soziales Event, auf das man verzichten könne, da Gott uns, wo immer wir sind, eh sieht? Kam Corona gerade recht, um diese Gedanken in die Tat umzusetzen? Mal ehrlich, ich glaube, dass es der Kirche in dieser Zeit ganz gut in den Kram passte, wenn sie sich nicht direkt mit den Betroffenen, den Coronakranken auseinandersetzen musste. Da hielt man sich die Angesteckten lieber vom Leib, deshalb schon, weil man dann seine prall gefüllten Geldschatullen nicht für jeden Dahergelaufenen öffnen musste. Und das bisschen Segen, das konnten Prediger ganz salopp auch über den Äther schicken. Äther? Erinnert mich an den Äther, welcher einen schlafen legt. Bei den langweiligen Messen und der Segnung an die riesige Glaubensgemeinde (Weihnachten und Ostern), ist es kein Wunder, wenn der Herr Pfarrer die Besucher zum Einschlafen bringt. Irgendwann werden abgehaltene Gottesdienste nur noch Relikte ohne Glaubenswert sein. Der Schwund der Kirchgänger ist in der Masse gesehen vergleichbar mit der Flucht aus Ägypten, die Moses angezettelt und vorangetrieben hat. Irgendetwas Gutes muss doch Corona auch gehabt haben. Warum nicht die Kirchenaustritte? Gerade jetzt, nach all den vielen Missbrauchsaufdeckungen der letzten Jahre an den Schutzbefohlenen Minderjährigen.

Mit der Coronapandemie sandte uns die Natur eine Botschaft. War es wirklich die Natur? Oder steckt jemand anderes dahinter? Hinter all dem Leid? Ist es eine, die nicht von Gott kommt? Oder doch, weil wir, die Menschen, ungehorsame Sünder sind? Sicher ist, die Menschheit übt zu viel Druck auf die Flora und Fauna aus, und daraus ergeben sich viele schädliche Konsequenzen nicht nur für die Natur, sondern auch für die Menschen. Meist derer, die in den Dritt- und Viertländern leben – in Müll und Dreck und erbärmlicher Armut. Aber auch an Menschen in höherem Alter, denn sie sind oft schwach und krank … und sehr verwundbar.

Das Auftreten von Infektionskrankheiten wie Anthrax, Denguefieber, Lepra, Masern, SARS, Vogelgrippe, Ebola usw. verursachen Epidemien und Pandemien, und sie kommen nicht nur so daher. Dafür gibt und gab es immer Gründe. Und nun auch bei Covid-19. Ich behaupte, weil es meine Meinung ist, dass sich das durch schiere ungezügelte und ausufernde Aktivitäten des Menschen ergab. Sie holzen ab, was im Weg steht und stand. Wofür? Für neue Kirchen-Glaubensprotzbauten? Und so geht es auch weiter – immer und immer weiter. Mit zu den hausgemachten Problemen gehört auch die Agrarkolonisation. Es ist die Inanspruchnahme landwirtschaftlich bislang noch nicht genutzter Landschaftsflächen indigener Kulturen wie der Maori in Neuseeland, der Aborigines in Australien, der Inuit in Kanada, Grönland, Alaska, der Mbuti in DR Kongo und vieler mehr. Es gibt staatlich geplante, private, aber auch ungeplante Annexionen und Erschließungen von bisher unerschlossenen Gebieten wie in den Tropen wie Amazonien. Eine der extremsten und ausuferndsten Entartungen ist der Handel mit Wildtieren, bei dem keine Tierart ausgelassen wird, wenn die Nachfrage nach Fleisch gedeckt werden will – oder muss, um zu überleben. Dies ist in der Hauptsache in den ärmsten Ländern zu sehen. Dort wird alles zum „Fraß“ gejagt, getötet, verkauft und dann gegessen. Auf die Natur wird da nicht Rücksicht genommen, auch wenn man seine eigene Flora und Fauna vernichtet – und dann sich selbst. Und was den Menschen in den vermögenden Ländern fehlt, ist die Abwehrkraft, die nur durch die Kraft der Natur den Menschen hilft. Zu viel Künstliches wird verschrieben und eingenommen. Dem Körper fehlen die natürlichen Abwehrkräfte, die man durch etwas „Dreck fressen“ im Körper aufbaut.

Unsere Gesundheit hängt von einem gesunden Klima und den Organismen ab. Das Klima und die Organismen sind es, die den Menschen am Leben halten, und nicht wir, das Klima und die Organismen. Die Menschen sollten sich mit allen anderen Existenzen, ob groß, ob klein, auch Viren- und Bakterien, superklein, den Planeten teilen. Doch was macht er, die angebliche Krone der Schöpfung? Er versucht sich alles untertan zu machen, und das wie ist oft sehr explosiv und vernichtend. Woher kenne ich das im Besonderen? Ah ja, durch die Kirchen und ihre mächtigen Wirtschaftsvasallen.

Und dann schlug die Natur zurück, und das gewaltig … hätte man meinen können. Aber nein, die Natur macht so weiter wie bisher. Und jetzt, da wir der Natur nun doch zu viel Schaden zugefügt haben, begann sie damit – und das kraftvoll – zu verhindern, dass man sie vernichtet. Die Tier- und Pflanzenwelt will leben, wachsen und sich an anderen Stellen ansiedeln, dort verwachsen mit der Mutter Erde. Das macht sie nicht nur ihretwegen, sondern für alles, was auf der Erde lebt. Die Tier- und Pflanzenwelt kann zwar ohne den Menschen leben, doch will sie auch für den Menschen gedeihen und blühen, weil der Mensch nun mal auch auf der Erde lebt. Die Natur macht da keinen Unterschied zwischen Menschen, Tieren und Pflanzen. Aber der Mensch, der sich als Gottes Schöpfung sieht, zumindest hier auf Erden, der macht große Unterschiede. Und das inzwischen zu seinem eigenen Leidwesen. Niemand lässt sich alles gefallen, was man an Schlechtem jemandem tut. Schon gar nicht die Natur, die lange „zuschaut" und dabei sehr, sehr geduldig war. Ja, war. Jetzt, in der Corona-Zeit, glauben viele Menschen plötzlich, dass die Natur zurückschlägt, doch so ist es nicht, wie bereits von mir erwähnt. Die Natur ist nicht bösartig. Sie versucht sich zwar selbst zu helfen, oft auch zum Wehklagen des Menschen, doch macht die Natur nur ihr ureigenes Ding. Wenn dabei Menschen im Weg stehen …, räumt sie diese weg. Was bedeutet, dass es auch Tote zu beklagen gibt. Da ist die Natur nicht zimperlich, um sich zu schützen. Wenn die Natur ihr unschönes „Wesen" zeigt, dann lässt sie uns spüren, was sie kann, um uns zu lehren, dass man mit ihr nicht alles machen darf. Viele Warnungen haben wir schon gesehen und viele davon auch schmerzlich erlebt. Das Problem bei uns Menschen ist, dass wir alles zu schnell wieder vergessen. Oder aus den Augen, aus dem Sinn handeln. Leute, wenn ihr nicht aufhört, die Erde zu verletzen, dann wird sie einmal ihren ganzen „Eiter" auf uns Menschen loslassen. Das wird kein schöner Anblick sein und für viele, sehr viele Menschen tödlich enden. Und dabei verschont sie ganz sicher nicht die Mächtigen der großen Industriestaaten.

Niemand wird dann dem Grauen entkommen. Niemand wird dann ohne Leid zu verspüren … leben.

Und wenn es einen Schöpfergott gibt, dann frage ich mich, was er sich dabei denkt, erneut ein solch tödliches Virus auf die Menschheit abzuladen, um sie leiden und büßen zu lassen. Soll es eine Warnung an uns Menschen gewesen sein? Wegen all dem, was wir der Natur, die auch seine Schöpfung ist, antun? Oder ist es eine Strafe an seine komplett verkommenen Ungläubigen! Nein, das kann es nicht sein, denn dann würde er seine Gläubigen verschonen, was er nicht macht. Was also ist die Botschaft, die er durch das Coronavirus (Königsvirus) an uns sendet? Was will er uns damit sagen? Nicht einmal sein (angeblicher) Stellvertreter hier auf Erden weiß die Antwort darauf. Doch im Unglück haben wir noch Glück. Gott, wenn er es war, der das Killervirus auf die Erde gesendet hat, war dennoch mal wieder gnädig in seinem Tun. Auch dieses Virus ist nicht in seiner Gänze Menschen dahinraffend. Es scheint, dass es noch eine der sanfteren Strafen ist, die Gott verabreicht hat – wenn er es war. Vielleicht lässt er der Welt der Nichtmenschen die Entscheidung, wie sie sich nun zur Wehr setzt, um zu überleben und um zu zeigen, dass es Mittel gibt, den Menschen Schmerz und Leid zuzufügen.

Wenn man es genau betrachtet, ist Corona eine weitere und sanfte Art, wie die Natur erneut zeigt, wozu sie fähig ist. Tödlich fähig ist. Die „Küche“ der Natur stellt immer wieder neue Mittel her, gegen die der Mensch immer hilfloser wird. Und bei Bedarf geht wieder ein Vernichtungsmittel auf die globale Reise. Still und leise, bis der erste Mensch schreit, weint … und stirbt und die Mediziner kein Heilmittel erstellen können, weil es keinen Impfstoff gegen die Macht der natürlichen Gegebenheiten gibt. Und so werden immer mehr Menschen sterben, weil sie die lebensspendenden Ressourcen zerstören. Es stellt sich dann zu spät heraus, dass der Mensch ohne Verstand war und sich selbst von der Erde getilgt hat. Übrigens, auch für Menschen, die ohne Verstand sind, hält die Natur immer ein Gegenmittel parat. Man muss der Natur Wohlgefallen zeigen bzw. zukommen lassen. Dann hilft sie in der Not.

Es sind keine Gebete, die helfen, kein Jammern und Wehklagen und Milliarden von Spenden an angeblich heilige Institutionen, ... die das nicht brauchen. Davon haben sie schon zu viel und wissen nicht (mehr), wohin damit. Es sind kleine Taten gegenüber der Erde, die das schaffen, was der Mensch nicht schafft, wenn er zu arrogant ist und sich (weiter) gegen die Natur erhebt und sie gnadenlos und erbarmungslos verletzt. Hier beziehe ich auch die Tiere dieser Erde mit ein, denn sie sind Geschöpfe dieser Erde und nicht Schöpfungen des Menschen.

Das Covid-19-Virus zeigt uns massiv, was wir auf der Insel der Seligen gekonnt verdrängt haben. Die Werbung im Biomarkt gaukelt uns eine heile und gesunde Welt vor, so ist sie aber nicht … nicht mehr. Unsere, ja, unsere Erde ist krank. Der Mensch trägt wenig bis gar nichts bei, um ihr zu helfen, um (wieder) zu gesunden. Deshalb setzt die Natur auch mal physikalisch-chemische Prozesse in Gang, die sich nach außen setzen, und nicht nur zum Guten wie eine wunderschöne bunte Blumenpracht oder die Vielfalt an

Obst an gesunden Bäumen. Nicht zu vergessen die schillernden Herbstblätter, die glitzernde Winterpracht oder die Flüsse und Seen voll von Fischen, in denen die Menschen im Sommer zum Baden gehen oder an dessen Ufern den Sonnenuntergang bestaunen. Nein, die Natur zeigt und lässt uns spüren, dass viele Menschen darunter zu leiden haben, wenn sie „wütend“ ist, weil die Verletzungen an ihr zu groß und zu schmerzhaft sind, die wir ihr zugefügt haben. Die Erde macht das nicht, weil sie bösartig ist, nein, weil sie sich selbst helfen, sich heilen muss. Und wie beim Menschen ist der Heilprozess oft nur mit Schmerzen verbunden. Und wenn die Erde sich heilt, dann trifft es den Menschen oft sehr schmerzhaft. Auch die Viren und die Bakterien sind nicht bösartig. Sie sind den Menschen gegenüber nicht bewusst bösartig eingestellt und wollen sie töten. Was hätten sie auch davon? Nur ein „dummes Virus“ tötet seinen Wirt. Damit ist gemeint, dass Viren, die nicht „aufpassen“, sich selbst vernichten, wenn sie ihren Wirt, ob Mensch, ob Tier, töten.

Wodurch wird die Mutter Erde krank? Durch Massen an Kohlendioxid und sonstigem giftigem Dreck, der von Menschenhand geschaffen wurde und der dann in die Atmosphäre gepumpt wird und wurde – tödlich massenhaft. Auch das Ausrotten von Millionen von Tier- und Pflanzenarten trägt zur Vernichtung der Erde bei. Nicht zu vergessen der Müll, der überall verteilt wird und weltweit den Planeten verändert. Das alles hat nun negative Konsequenzen, die bereits überall zu spüren sind. Ich behaupte, dass die Natur dennoch sehr gnädig mit uns umgeht, auch wenn wir sie immer und immer wieder verletzen und ihr

Schmerzen zufügen. Sie könnte sich anders, viel extremer in ihrer Wut und ihrem Zorn zeigen. Mit einem fiesen kleinen Virus, das unbesiegbar ist. Dieser „Gesandte“ der Mutter Erde könnte den Menschen vernichten – wenn Mutter Erde es will. Und jetzt versucht mal, mit einem Virus oder einem Waldbrand, einem Erdbeben, oder was es sonst an Vernichtungspotenzial der Erde gibt, zu verhandeln. Betet nicht zu Gott. Verhaltet euch gut zu der Natur, und die Natur verhält sich gut zu euch. Verspielt nicht, was man noch an Wunder der Natur und der Schönheit der Natur besitzt. Seid Freunde der Erde und die Erde wird ewig euer Freund sein.

Die drei Säulen des Kirchengebildes

Die Kirche besteht aus drei wesentlichen Elementen, die existenziell wichtig für die Gläubigen sind – sagt man. So habe ich es gelesen, so habe ich es immer und immer wieder auch gehört. Dann muss ich es wohl als Fakt hinnehmen, auch wenn es mich nicht interessiert. Interessant ist dennoch – für andere.

Zum einen besteht es aus seltsamen Ideen, einstudierten Praktiken und oft protzig sichtbaren Gebäuden. Diese wackelten und bröckelten in der Zeit der Coronapandemie beachtlich, wofür die Kirchen selbst sorgten, mit ihrem oft seltsamen Verhalten gegenüber den Covid-Patienten und Hilfesuchenden allgemein. Ein weiterer unerwarteter (Himmels-)Sturm und die Kirche wäre in sich zusammengeplumpst. Das unsichtbare Gebäude lasse ich jetzt außen vor. So viel verrate ich schon mal – es ist das Dreigestirn des Himmels. Alle(s) zusammen ist eng miteinander verzahnt. Sie beißen zu, wenn man sich ihnen, aus ihrer Sicht gesehen, in unverschämter Weise – mit Taten und Worten – nähert. Wer sich mit diesem Konstrukt in den Ring begibt, der merkt schnell, dass er/sie sich wie in einem Würgegriff einer riesigen Schlange oder vor einem gefräßigen Drachen befindet. Es ist ratsam, nicht anderer Meinung als die Kirche zu sein. Schon gar nicht, wenn sie sich zu Corona äußert und behauptet, Corona sei von Gott gesandt worden, um den sündigen Menschen aufzuzeigen, welche Macht Gott hat. Eine Macht, die der Mensch niemals überbieten kann. Der einzige Schlüssel, um sich vor dieser unheilvollen Macht Gottes zu schützen, ist, IHN anzubeten und Buße zu tun. Nur so ist Gott gnädig zu stimmen und bewahrt die Menschen vor dem Coronavirus. Also betet, und Gott packt sein Viruszeug wieder ein.

Jetzt möchte ich eine Frage anbringen: Welche tröstende, orientierende und gesellschaftsstabilisierende Idee setzt das Christentum den Verunsicherungen durch die Pandemie entgegen? Das Bild von einem Gott, der die reine Liebe verströmt? Eher nicht.
Ein Gott, der alles so herrlich regiert, entpuppt sich angesichts von nach Luft schnappenden Sterbenden, Bergen von Särgen in Klinik-Hinterhöfen und durchdrehenden eingepferchten Familien als recht naiv. Versuche, die Coronakrise als göttliches Zeichen für andere, größere Krisen (die Glaubenskrise aus der Sicht der Kirche) zu deuten und dafür Bilder eines zornigen Gottes, der eine enthemmte Welt zu Recht bestraft, auszuschmücken, trösten und helfen nicht wirklich, oder?
Woraus besteht für mich das Gebilde der Kirche? Aus dem Nehmen, Nehmen und immer nur Nehmen. Das Geben ist nicht Teil ihrer Kirchenphilosophie.

Katastrophenjahr 2020/22

Die Jahre des Herrn 2020/22 waren Jahre, die als Katastrophenjahre in die Geschichte eingehen werden, und nicht nur, weil man die katholische Kirche mal so richtig in den Allerwertesten getreten hat, als man endlich das Grauen, welches sie über Kinder und Jugendliche in den vielen zurückliegenden Jahren massenhaften Missbrauchs publik gemacht hat. Und das alles mit vielen Beweisen, die das Abartige auch noch untermauern. Ja, ich wollte eigentlich nur über die Kirche und ihr seltsames Verhalten in der Coronazeit schreiben, doch war mir danach, auch das eben Gelesene anzusprechen. Vielleicht hat ja das Covid-19-Virus dazu beigetragen, dass man endlich zu der Erkenntnis kam, offen über die Schlechtigkeit der Kirche und ihrer vielen Ableger so ungeniert zu berichten. Die Täter genierten sich ja auch nicht, Böses an anderen zu begehen, um sich zu befriedigen. Haben sie das gemacht, weil im Befriedigen fast schon das Wort „Friede" steht?

Nun aber zurück zum Thema „Kirche und Corona".
Eine fast schon alles überschwemmende Flut von Elend und Tod ist durch das Coronavirus auf die Menschheit hereingebrochen. Viele der bisherigen Übel der oft übersättigten Menschheit erscheinen dagegen (fast) schon als harmlos und bequem überwindbar. Durch die Covid-19-Krise zeigte sich, dass die Menschen in der Not zusammenstanden und sich halfen und so ihre beste Seite des Menschseins zeigten. Firmen bekundeten ihre Bereitschaft, Mitarbeitern freizugeben, damit diese ihre Kraft zum Wohle der Menschen einsetzten. Die Solidarität wurde in dieser

Zeit großgeschrieben. Die Helfer werkelten bis zur totalen Erschöpfung. Wenige Stunden Schlaf und weiter ging es mit der Hilfe für die anderen. Länderübergreifend standen sich die Völker aller Kontinente zur Seite. Auch an der Seite jener, mit denen man sich nicht besonders verstand. Doch alle wussten, es gibt einen gemeinsamen Feind, und der musste gemeinsam besiegt werden. Jedes einzelne Leben zählte und musste vor dem unsichtbaren Feind, dem Coronavirus, beschützt werden. Alle Mittel wurden eingesetzt, um den unsichtbaren, oft tödlichen Feind zu besiegen. Doch stimmt das mit der Aussage, dass alle Mittel eingesetzt wurden? Nein, das stimmt nicht. Die Kirche kochte ihr eigenes Süppchen, welches sie den Armen und Kranken zur Speisung gab. Das waren in der Hauptsache viele Segenssprüche, die niemandem halfen. Was tat die Kirche noch außer Segnungen und Sprüche zu spenden? Nichts, denn die kirchlichen Maßnahmen sollten in der Hauptsache „geprägt sein von der Grundhaltung der Nächstenliebe, der Fürbitte und der Verantwortung für andere“, und das musste reichen. Fürbitten für erkrankte, gefährdete und helfende Menschen ist eine konkrete Form der Gemeinschaft in Jesus Christus, hieß es.

Und jetzt komme ich zum beschämenden Verhalten der großen Kirchen in Deutschland während der Zeit der Coronapandemie.
Steter Wunsch der Kirche war: „Nutzen wir die stärkste Waffe, die es gegen Corona gibt: das Gebet und die Hinwendung zu Christus.“ Die vielen Wünsche an Gott und seinen Sohn, sie vor dem Covid-19-Virus zu verschonen, erfüllten sich nicht – meist nicht. Wenn das Gebet, das er-

zwingen Wollen, nicht half, was es auch nicht tat, dann brachte man die (Tod)kranken in ein Krankenhaus und überließ das Wunder den Ärzten und Krankenpflegern und allen, die an der Genesung der Kranken beteiligt waren. Gott und sein Sohn waren es nicht, die zur Gesundung etwas beitrugen. Die Kirchenvertreter beteten viel und laberten sich bei ihrem allerhöchsten Herrn den Gaumen trocken.

Die Kirchen waren in der Zeit von Corona viel zu schweigsam

Nicht nur ich war enttäuscht, wie leise die Besitzer der Gotteshäuser seit Beginn der Coronakrise waren. Wie gering ihr Mut zu neuen Formen war, mal Gottesdienste im Freien zu feiern – klar, mit Abstand. Was haben viele Bürger überall in Deutschland gemacht? Sie gingen raus auf die Straße und zeigten sich stark vereint, wie man gegen das Virus angehen muss. Sie wussten, wie man denen schnellstmöglich und unbürokratisch helfend zur Seite steht, die durch das Virus erkrankten und Not litten und die Hilfe anderer, auch der Kirchen, brauchten. Enttäuschend war auch, wie wenige Kirchenmänner und -frauen sich in soziale Netzwerke gewagt haben, um unter anderem offen und ehrlich über die Frage, wie mit Corona umzugehen ist, zu sprechen. Ganz zu schweigen von persönlichen „Besuchen" bei Hilfesuchenden, die ihre Hoffnung auf die Kirche setzten, denen sie vertrauten, weil sie viel versprachen. In der Not selbst den Gläubigen nur schleppend und wohl auch mit Widerwillen mal halfen. Stattdessen gab es nur schmierig klingende Andachtsvideos über den Äther und die Fernsehanstalten zu hören und zu sehen. Da wundert sich hoffentlich keiner der Heils- und Glückseligkeitsversprecher, wenn man der Kirche den Rücken kehrt und aus der Glaubensgemeinschaft austritt oder bereits ausgetreten ist.

Wie gering das aufrichtige Interesse an den Menschen in der Zeit des Lockdowns war, zeigt Folgendes: Viele haben Angehörige mutterseelenallein zu Grabe getragen, andere sind in Krankenhäusern allein gestorben, Klinikseelsorger kamen kaum hinterher, während so mancher Pfarrer sich in seinem Pfarramt verschanzt und den Anrufbeantworter eingeschaltet hat. Stell dir vor, die Alten und die Kranken sind im Heim und in den Krankenhäusern und keiner geht hin …

Es gab Mitmenschen, die bis zur Selbstaufgabe ansprechbar, anrufbar und greifbar waren, um zu helfen, auch in der letzten Stunde, um tröstende Worte zu spenden. Ja, es gab auch engagierte Kirchenleute, die eine Hotline für Besorgte oder Trauernde geschaltet haben. Das allein hätte es nicht sein sollen. Im Vergleich zu den Seelsorgern gab es Menschen, die in Schutzkleidung Covid-19-Patienten in den Wohnungen besucht und beim Sterben begleitet haben. Hin und wieder auch mal ein Geistlicher. Aber es war, wie oft schon erlebt, nur wie ein Schatten in der Nacht. Sie waren kaum bzw. nicht sichtbar. Aus den Reihen der Kirchenleute kam, wenn es hochkommt, einmal die Woche eine E-Mail der Besorgnis und der Anteilnahme – mit einem Gebet, welches man vor dem Tode noch beten sollte, um nicht im Höllenschlund zu landen. So meine Vorstellung.

Und welcher Eindruck bleibt? Bei mir ganz sicher meist der persönliche, nicht der kirchlich unpersönliche. Dafür war für viele Hilfesuchende zu oft der Anrufbeantworter des Herrn Pfarrer im Pfarrhaus an: In dringenden Fällen erreichen Sie Pfarrer ... unter folgender Nummer. Ich ergänze im Geiste: „Aber rufen Sie nicht an! Der Hirte ist im Homeoffice (oder schläft mit ...).“ Unter diesen Umständen kann man sich auch im Nachhinein gut vorstellen, dass es bei vielen (erzürnten) Schäfchen, bei Anruf betreffend eines Spendenaufrufs des Herrn Pfarrer, folgendes zu hören gab: „Kein Anschluss unter dieser Nummer.“

Viele Wochen war es auffällig ruhig in den Kirchen gewesen. Hatten die Kirchenmänner erkannt, dass sie das todbringende Covid-Virus mit Segenssprüchen, zigtausenden Gebeten und Weihwasser verspritzen, auch durch Verdammungsrituale wie bei einer Teufelsaustreibung nicht austreiben konnten? Oder sind sie schnell auf den Trichter gekommen, dass es nicht die katholischen Heilsbringer sind, die die Erhaltung der Gesundheit des Menschen sichern, sondern die Forscher in den Pharmaindustrien und die Mediziner und Pflegekräfte in den Krankenhäusern? Beugen sie sich dem Staat? Vermutlich nur, damit ihnen die „Mörderkohle“ auch sicher in die Kassen gespült wird, denn die zahlenden Gläubigen laufen ihnen in Scharen davon. Um das Schweigen der Kirchen zu verstehen, muss man sich aber klarmachen, wie sie einst auf verheerende Seuchen reagierten: Als die Pest das Land überzog und die Menschen qualvoll sterben ließ, predigten die Bischöfe den verängstigten Gläubigen, dass es Gottes Zorn sei, der die sündige Menschheit ereile. Nun, soviel zumindest muss man Gott zugutehalten, er ließ nicht nur die Ungläubigen verrecken. Der Schwarze Tod raffte auch die Frömmsten dahin. Wollte er das? War er wirklich der Todesbringer der Pest, die auch die (Zwangs-)Frommen in die „Kiste“ fallen ließ?
Zusatzinfo: Trostgottesdienste und Bußprozessionen verbreiteten noch im Jahr 1918 die Spanische Grippe.
Klar, bei diesen protzigen Kirchenveranstaltungen waren stets Hunderte von Gläubigen, jedoch nicht Sterbewillige

mit dabei. Tja, ich habe es schon immer gewusst. Die Kirche bringt Menschen um. Und die Schausteller schauen zu. Wie damals, so auch heute noch. Und dieses Mal ist es nicht der Schwarze Tod, sondern das Coronavirus. Eine Strafsendung aus dem Himmel? Ist Gott wieder angefixt von seiner eigenen Schaffung? Oder ist er darum bemüht, für seine Schaffung auf der Erde mehr Platz zu schaffen? Wie auch immer, man weiß es nicht. Und die Kirche kommt nicht mehr auf die Idee, eine Apokalypse Gottes heraufzubeschwören oder zu verkünden, dass Covid-19-Virus eine Strafe Gottes ist. Die Kirchen wollen sich nicht wieder wie früher mit ihren gewaltvollen Verkündigungen, die nicht eintrafen, zum Deppen machen. So schweigen sie. Für mich hat es den Anschein, dass sie den derzeitigen Status Quo aussitzen wollen.
Es herrschte heftiger Streit über das Schweigen der Kirchen zur Coronakrise. Die Kirchen haben versagt, so viel ist beim Schutz der Alten und Kranken, aber auch bei den jungen Menschen sicher. Die Amtskirchen blieben in den vielen Wochen der Ungewissheit, was das Virus noch für Unheil bringt, überraschend stumm. Aus meiner Sicht nicht überraschend. Zum Schweigen der großen deutschen Kirchen gehörte plötzlich ab Ostern 2021 auch das „nichts sehen" und auch das „nichts hören" dazu. So wie es kleine Inseln im großen Meer gibt, wo man sich vor dem Ertrinken retten kann, so gibt es auch in den Kirchen Menschen, die sich gegen das „nichts Sehen, nichts hören und nichts sagen" auflehnten, um den Menschen in der Not mit Herz, Seele und Taten zur Seite zu stehen. Sie waren und sind das Rückgrat der Kirchen. Und wo waren die Bischöfe? Sie verkrochen sich und waren nicht mehr zu sehen. Auch

nicht mehr zu hören. Wenn doch, dann mit salbungsfrohen Worten, die keiner (mehr) hören wollte.

Im Vatikan hatten sie tatsächlich 2020 darüber nachgedacht, ob sich das Osterfest verschieben ließe, so wie viele Sportveranstaltungen aufgrund von Corona zeitlich umdisponiert wurden. Die Abteilung für Gottesdienste im Vatikan befand dann aber, dass das Verschieben des Osterfestes nicht geht. Ja, wohin denn? Auf den 24.12.? Oder direkt im Anschluss, gleich übergehend in den Fasching, wo Jesus verkleidet als … O je, jetzt musste ich aufhören, denn sonst befinde ich mich plötzlich mitten in der Blasphemie.
Es gab aber ein Osterfest, auch 2021, jedoch ohne herumstreunende, angeblich betende Pilger, die in langen Schlangen umherzogen, um sich dann auf dem Petersplatz zum höchsten Christenfest einzufinden und dort seine wiederholte Auferstehung mit süffigen Geistesgetränken (Bier, Schnaps, alkoholversetztes Weihwasser usw.) zu feiern. Jesu Auferstehung kommt mir wie eine Dauerschleife vor, oder eine ständige Wiederholung im Fernsehen, gesponsert vom Vatikan. Was, gesponsert vom Vatikan? Nein, wirklich nicht, das sind die Fernsehgebührenzahler. Der Vatikan stellt den Hauptdarsteller, der ein paar Tage davor noch am Kreuz ausharrte, ehe er sich dann mit Gottes Gnaden oder des Papstes wieder zeigen darf. Was hat Jesus bei seiner Auferstehung angehabt, wenn doch seine Leichentücher noch im Erdgrab lagen? Und wenn mich nicht alles täuscht, wurde er nicht mit seinen Klamotten und dem Leichentuch darüber in das „Grab“ gelegt. Als man ihn vom Kreuz nahm, hatte er doch nur einen Lendenschurz um seine Hüfte gebunden. Ja, ich weiß, das sind schon seltsame Gedan-

kenspiele, doch wenn mir ein Mann erscheint, der nichts oder nur einen Lendenschurz am Leib trägt, dann wäre ich vermutlich auch zuerst mal erschreckt und würde ganz sicher nicht vor Freude jubeln. Ich hätte eher Angst, was dieser fast nackte Mann mit mir machen könnte, wenn ich eine Frau wäre und allein unterwegs zum Grabe des Herrn Jesu ginge. Viel überschwängliche Freude der Auferstehung wäre da nicht zu verspüren. Und noch weniger, eher viel Ärger und Wut, wenn ich ein leeres Grab vorfinde, wo ein Toter liegen sollte, den ich über alles liebe.

Nun ja, wie auch immer, das Osterfest 2020 war ein stilles Fest und ganz ohne das gewohnte heilige Brimborium vor Tausenden von Zuschauern. Die Freude der Gläubigen war nicht zu verspüren, da sie durch Abwesenheit glänzten, wenn auch zwangsweise. Es war fast so wie zu der ersten Auferstehung von Jesus Christus, wo die Weiber flüchteten und die Apostel seiner nicht glauben wollten, als er sich ihnen zu erkennen gab. Seine Glaubwürdigkeit wurde von seinen ersten Anhängern infrage gestellt.
Der Petersplatz blieb auch Ostern 2021 wie leer gefegt und der Papst predigte und segnete ins Leere. Genau genommen predigen er und seine Gesellen ständig ins Leere, nur wissen sie es nicht. Bereits am 27. März 2020 betete Franziskus auf dem leeren Petersplatz gegen Corona an. Viel hätte nicht gefehlt, und er hätte eine Teufelsaustreibung betrieben. Sein kirchliches Gewinsel und Gejammer halfen nicht, das kirchenunfreundliche Virus zu vertreiben. Das blieb und trieb weiter sein Unwesen.

Was leisteten (sich) die Kirchen in der Corona-Krise?

Sie leisteten sich viel ... für sich. Auch mal Hubschrauberflüge über den Köpfen der Coronageschädigten. Dazu mehr in einem anderen Kapitel.

Mit welchen Finanzmitteln halfen die Kirchen den Bedürftigen während der Coronapandemie? Von milliardenschweren Hilfen ist man in den Bistümern und Landeskirchen weit entfernt gewesen, obwohl man es massenhaft hat. Sie schlossen eher die Pforten, damit ja kein Bedürftiger das Gotteshaus betreten konnte. Motto: „Ja um Gods Wuin (Gottes Wille), um Hilfe bitten können sie woanders – besonders bei Gott." Woher kamen die (angeblichen) Soforthilfen für die Bedürftigen? Karitative Einrichtungen? Aus den Haushaltsgeldern. Angeblich wurden sie aus den laufenden Haushalten der Kirchen gestemmt. Diese sollten sich im fünf- bis sechsstelligen Bereich bewegt haben, heißt es. Bei den sechsstelligen Zahlen handelte es sich nicht um hohe oder sehr hohe Geldsummen. Hier hielt man sich schon arg sparsam, sogar als geizig zu nennend zurück. Und mit diesen Summen glaubten sie, anderen vermitteln zu können, dass sie über Gebühr spendabel in der Corona-Krisenzeit waren. Ja, was glauben die denn, wie blöd die Menschen sind? Jeder, zumindest sehr viele, besonders die Kirchenangehörigen und hochgläubigen Bankerlputzer, wissen, wie reich die Kirchen in Deutschland sind, sich aber sehr schwertun, sich davon zu trennen, wenn es für Hilfesuchende gebraucht wird und auch ausgegeben werden soll, sogar muss. Vom Mutterkonzern in Rom mal ganz zu schweigen. Die verschachern das Geld lieber an der Börse oder bei dubiosen Geldhändlern. Besonders die eigenen Top-Fans, die kirchlichen Marktschreier, plärren und heulen am meisten, wenn es um das Geben von Geldern an andere geht, auch an die, die nichts mit der Kirche am Hut oder der Bischofsmütze haben. Ihre lieblichen und niedlichen Worte des lieben Glaubens können sie denen verkünden, die jeden geheiligten Unsinn glauben wollen und dafür auch noch fett abdrücken, um dieses Geschwafel, Gott werde Corona zerstören, zu hören zu bekommen. Ja hallo, Corona ist doch eine Mitarbeiterin im Gottesstaat – hoch oben, oder wo auch immer das Reich Gottes ist.

In der Coronazeit, ja, da hatten sie, die „Lebens- und Seelenretter", viel zu „schreien" gehabt. „Hilfe, Hilfe, uns brechen die Gelder weg. Gebt uns, was uns lieb geworden ist. Lasst uns unser Luxusleben weiterführen – durch eure großzügigen Spenden". „Gott wird es euch segnen, eure Liebe zu seinen Verkündern." Irgendwie höre ich da ein Suchtverhalten heraus. Die Menschen wollen und können oft nichts mehr geben. Sie sind es selbst, die um finanzielle Hilfe bitten. Sie wollen nicht nur schöne Worte, die genau betrachtet ohne Sinn und Zweck sind und die niemanden ernähren, also den Magen füllen. Sie benötigen finanzielle Hilfen, damit sie sich was zu essen und zu trinken kaufen können oder was man sonst noch braucht, um leben zu können. Und das unter einem Dach und nicht unter dem Himmelsdach Gottes.
Hier fiel mir plötzlich der Vergleich mit einem Schwarzen Loch ein. Das verschlingt alles, was ihm zu nahe kommt. Bei der Kirche ist es ähnlich. Genaugenommen noch extremer, denn wenn man das Schwarze Loch bittet, nicht alles zu verschlingen, dann ist eher damit zu rechnen, dass

es auf die Bitte vieler eingeht. Bei der Kirche kannst du beten und betteln und erreichst nichts. Die verschlingt alles, was ihr gefällt, und das ist … alles. Besonders viel Geld. Massenhaft Geld.

Was hat die Kirche für die Betroffenen in der Pandemie geleistet? Telefonseelsorge und Gemeinde-Engagement, gespickt mit vielen Segnungen, sogar aus der Luft, ja, das haben sie geleistet – aber das Geld aus dem Kirchensafe floss nur spärlich an die Bedürftigen, um ihnen in der Coronazeit zu helfen. Und im Gegenzug haben sie gejammert und gebettelt, um auf Umwegen (wieder) an das Geld der ausbleibenden Kirchenbesucher auf Umwegen zu kommen. Schließlich will das kirchliche Gemeindeoberhaupt mit devotem Anhang weiter seinen Wanst voll bekommen. Das wenige, das übrigbleibt, ging dann an die wahren Bedürftigen. Und wer Geld an die Kirche gespendet hat, und sei es fast der letzte Groschen gewesen, der braucht keine Hilfe aus dem Klerikalverbund. Sie mussten nach ihrer Ansicht, vermute ich, sich gesagt haben: „Wer Geld spendet, der muss davon auch genügend haben, um auch nach der Geldspende sein Leben wie gewohnt weiterführen zu können.“ Schämen sich die Herren der Priesterkaste denn nicht, wenn es so ist, wie ich vermute, dass sie denken? Selbst Milliarden von Euro im Verborgenen haben und dazu jedes Jahr vom Staat 550 Millionen aufwärts einstreichen. Da ihnen das nicht reicht, folgen sogleich noch Spendenaufrufe, gespickt mit liebkosenden und lieb säuselnden Worten, um das Geld aus der Tasche von jedermann/jederfrau zu juxen. Wenn sie mit dem „Eintreiben“ zufrieden sind, was man kaum glauben kann, dass dies jemals der Fall ist, dann prahlen sie mit einer Auflistung der Gelder, die sie schweren Herzens herausrückten, wie spendabel sie sich zeigen, bei allen, die sie um Hilfe baten. Hey, das ist das Geld, das der Steuerzahler an euch bezahlt hat. Das ist kein Geld, welches ihr euch selbst erarbeitet habt. Da braucht mir keiner von euch Predigern der Nächstenliebe kommen und sagen: „Wir haben mit erhobenen betenden Händen stets an alle Bedürftigen und Leidenden gedacht. Wir wissen, wie schlimm das Coronavirus ist. Wir sind im Geiste bei euch und ihr bekommt den Segen unseres Herrn, dargereicht durch uns und unseren segensreichen, zu Gott erhobenen Händen."

Ach ja, was weiß eigentlich das Finanzamt von den Millionenbeträgen der großen deutschen Amtskirchen? Die Staatsleistung (550 Millionen Euro … noch) ist ein Überbleibsel einer Vereinbarung zwischen Staat und Kirche aus vergangenen Jahrhunderten. Diese unfassbare Geldsumme sollte vollends den Bedürftigen zukommen, fordere nicht nur ich. Nur ein winzigkleiner Teil, man sieht ihn kaum, wird herausgegeben. Der große Teil des Geldes verschwindet in der Vatikanbank – und wird nicht mehr gesehen – für die Normalsterblichen. Was machte die Bundesrepublik Deutschland? Die verschuldete sich bis über die Halskrause. Und was machten die Kirchen? Sie forderten vom Staat noch mehr Gelder, weil ihnen die Spenden in der Coronazeit in den Gotteshäusern wegbrachen. Auch wenn der staatliche Rettungsschutz noch so groß und großzügig ist, es finden nicht alle unter dem Rettungsschirm Schutz.

Wie reagiert die Katholische Kirche, die schon seit Jahren in einer riesigen Glaubwürdigkeitskrise steckt? Sie hätte auf die zig Millionen, die sie wie jedes Jahr vom Staat erhält, verzichten können, damit diese in der Coronazeit auch den Nichtchristen hätten zugute kommen können. Sie aber hielt sich ruhig, um nur nicht aufzufallen, dass sie weiterhin ein über 500 Millionen schweres Geldpaket erhält. Genau in dieser Zeit hätte sie ein deutliches Zeichen der Solidarität setzen können, aber Pustekuchen, wer sich selbst hilft, dem hilft auch Gott – Gott sei es gedankt, sind da wohl die Gedanken der „Geldeintreiber". Mit den immens vielen Euro des Staates wurde Gutes getan, doch reichte es nicht aus, um jedem im Land, der unter Corona litt, ausreichend zu helfen.
„Nun wäre die Kirche dran", dachten und sagten viele der Bürger und der Anhänger des katholischen Glaubens, dass sie endlich ihr Füllhorn der innehabenden Milliarden nach unten reichen, damit in Strömen das Geld an die Armen gegossen wird. Sie müssen ja nicht alles rausrücken, doch so viel, dass man weiteres Leid, welches vom Staat nicht verhindert werden konnte, gestoppt wird. So lange und so gut, wie es eben geht. Und was ist geschehen? Das gegebene Kirchengeld (geheiligter Vatikancent) ist vergleichbar mit einem Schatten in der Nacht, in dem man nichts sieht. Und was man nicht sieht, das gibt es nicht. Besonders für die Kirche. Falsch, einen, auf den sie alles abwälzen, haben sie schon. Es ist … GOTT.

Bei Soforthilfe seitens der Kirchen gehe es nicht ausschließlich um direkte Finanzhilfen, war im Internet zu lesen. „In der Seelsorge nehmen wir die spürbaren existen-

ziellen – auch wirtschaftlichen – Sorgen vieler Menschen wahr", war ebenfalls zu hören bzw. auch zu lesen. Ich konnte nicht anders, ich musste diese „Verarsche" jetzt kundgeben. Versuchte man so die Knete an den Fingern der Kirchenherren kleben zu lassen?
Die Politik hat entschlossen gehandelt, und die Kirchen wollten ihren Beitrag zur Bewältigung der wirtschaftlich maroden Situation beisteuern. Ja, das wollten sie – im Geiste des Herrn, wer auch immer das ist. Viele Bistümer und Landeskirchen hatten selbst bald Einbußen, und der Bettelstab drohte das Einzige zu sein, an dem sie sich noch festhalten konnten, damit sie selbst nicht vor Hunger umfielen. Hier sage ich: „Wer's glaubt, wird selig." Ganz sicher kippen alle anderen vor Hunger um, doch niemals die Kirchenpopanzen. Und wenn sie tatsächlich keine Köstlichkeiten wie Parmaschinken, Blattgold-Currywurst und Trüffel-Pommes, ein Steak mit sautierten Pilzen, Makrele mit Dill-Senf-Sauce und Sahne-Meerrettich und/oder hellen, goldbraunen Ossietra Imperial Kaviar, Chateaubriand-Steak mit dazugehörenden kleinen, in Butter geschwenkten Kartöffelchen und feingehacktem Gemüse auf den Teller bekamen, dann gab es halt mal etwas Bescheideneres, wie die Currywurst Gold, veredelt mit 22 Karat Blattgold. Und für die hippen Yuppie-Priester vielleicht ein Yuppie-Menü – mit einem güldenen Kreuz abgesegnet. Diese kostengünstige Speise setzt sich zusammen aus goldgelben Pommes-Frites, Trüffelmayonnaise, mit gehobeltem Trüffel darin, und einer Portion Krautsalat mit Karotten und Orangen sowie einem Glas Champagner. Ein schnöder Weißwein tut es da nicht mehr, bei den feinen Herren. Die Kirchenspenden geben locker einen sauteuren Wein her. Und

für die Unverbesserlichen findet sich sicher ein spendables Lokal, wo der arme hungernde Kirchenprediger dann zu seiner Lieblingsspeise kommt. Ist es die Gänsestopfleber, Lachsforellen-Kaviar, ein Short Rib vom Nebraska-Wagyu-Rind? Und für einen Vegetarier findet sich auch etwas ganz Einfaches. Angeboten wird eine Steckrübe mit Ananas, Cashew-Kernen und Sichuan-Pfeffer. Und zum runden Abgang trinkt man gerne teuren Rotwein oder was man sonst dazu beliebt zu trinken. Und wenn das doch mal nicht mehr zu bezahlen ist, dann essen sie die (glutenfreien) Hostien. Apropos glutenfreie Hostien. Heißt glutenfrei übersetzt, frei von Gott oder frei vom Gottessohn? Und wer steckt dann in einer glutenfreien Hostie? Der Teufel?

Also, was taten sie, die Noch-Nicht-Hungernden, doch (auch) Bedrohten, um dem grauenhaften Hungertod zu entgehen? Sie riefen zu Geldspenden für die arme Kirche auf. Damit man auch reichlich gab, behauptete man, dieses Geld würde den Bedürftigen zugutekommen. Erkennt der Leser, dass man nicht genauer sagte, wen man als Bedürftige meinte? Damit ist es eine Auslegungssache, wer sich als Bedürftiger sieht oder wen man als Bedürftigen anerkennt. Und da schreit die Kirche am lautesten. Und wer am lautesten schreit, der bekommt auch als Erstes zu essen. Vergleichbar mit den Jungvögeln in den Nestern. Der Lauteste bekommt zuerst zu fressen, und wenn der „Konkurrent“, der andere Wurmfresser, im Nest zu laut wird, dann wird der aus dem Horst geschmissen. Motto: Der Stärkere schmeißt den Schwächeren aus dem Nest, um zu überleben. Ähnliches Verhalten wie in der Kirche? Ja klar, die Kirchengeschichte lehrt das massenweise. Es ist und bleibt so, das eigene Kirchenvermögen wird nicht angelangt – das

machen die Kirchen auch in wirtschaftlich fatalen (Corona-) Zeiten nicht. Und dass sie füttern, obliegt den Gläubigen. Wie ist ihnen egal!
Bei wem kann man solch verachtenswertes Verhalten sehen? Bei glatt geleckten und good looking Men, mit Grinsegesicht, modelliert durch die römisch-katholische Kirche.

Korruption in der Zeit der Coronapandemie

In der Kirche gibt es Korruption, man mag es gar nicht glauben, die ist so dermaßen groß und perfekt, dass sogar schon die FIFA überlegt, im Vatikanstaat … Man müsste dann nur, um ein Spielfeld zu schaffen, den Weinberg des Herrn platt machen. Und was gibt es noch im Kirchenstaat? Die Unglaubwürdigkeit der Unwürdigen.

Der Kirche fehlt jede Glaubwürdigkeit, denn wer will schon notorischen „falsches Zeugnis Abgebenden" glauben? Statt Erfreuliches zu verbreiten, zeigen sich Kirchenvertreter verantwortlich für Verdunkelung und Vertuschung im Missbrauchsskandal. Und was machen Kirchenherrliche? Sie agieren in der Corona-Krise auf ihre ureigenste Art. Sie beschäftigten sich fast ausschließlich mit sich selbst. Es geht um ihre Selbsterhaltung. Nur deshalb erstellten sie in der Pandemie notwendige Zugangsbedingungen und Sitzordnungen für die (Weihnachts-)Gottesdienste. Schutzmasken zählten und bedurfte es für die Verkünder von … Zeug … nicht. Sie wollen ihre … Seltsamkeiten loswerden, auf Biegen und (Er)Brechen. Um das Reihern auf geheiligten Boden zu verhindern, mussten die Besucher der Hl. Messen Mundmasken tragen. In Verbindung mit Nasenschutz, damit auch ja kein Rotz herausläuft. Die Ohren mussten ungeschützt bleiben, um ja alles Verkündbare zu vernehmen. Für mich wäre das zu Verkündende ein Kündigungsgrund, wäre ich noch zahlender Zwangskunde dieser Institution, allein schon deshalb, weil die Gottesdienste am Sonntag von den Pfarrern lieblos hinterhergeworfen werden, und sie dabei so tun, als wäre es das Allerwichtigste. Merkt denn das keiner der Showbesucher? Wann schreiben die Kirchenbesucher ihre Kündigung an diesen Abstauber? Wollen sie weiter ihr schwer verdientes Geld in einen alles verschlingenden Vernichtungsdrachen werfen? Und irgendwann kann man die Männer in schwarz nur noch als Verabschiedungs- und Erlösungsbegleiter von der Kirche gebrauchen. Sie, die Vergeistigten im Herrn, versuchen die Lieben (wer glaubt das denn?), die verstorbenen Gläubigen, mit rituellem „Irgendwas“ und Gebrabbel, was eh keiner versteht, in die Obhut eines Unsichtbaren und in dessen himmlisches Höllenparadies zu bringen. Für diese Überführung in das Grauen, die Doofen wissen das bloß (noch) nicht, gibt es reichlich der Totenbezahlung, denn der Tod ist nie umsonst. Und sterben werden die Menschen immer. In der Coronazeit leider zu viel in zu kurzer Zeit. Das ist den kirchlich (schein)heiligen Totengräbern aber egal.

Kirchliches „Fehlverhalten“ im Coronajahr 2020

Im Jahre 2020 traf es ganz Europa mit dem Coronavirus. Deutschland blieb davon nicht verschont, auch nicht die Christen. Was, die Anhänger Gottes wurden nicht verschont? Wie hat die Kirche darauf reagiert? Ganz ehrlich, man hörte und sah nur sehr wenig von ihr … und mit besonderer Hilfe von ihr und gegenüber ihren Anhängern war es nicht weit her. Man sprach von Gebeten und Segnungen, die helfen, was aber nicht half, und wenn man noch so betete und Urbi et Orbi aus dem Vatikan zu hören bekam, es half nichts. Klar, der Segen verschwand im Orbi(t).

Corona machte vor niemandem Halt. Da half auch kein kirchliches Stoppschild mit dem Schriftzug: „Da kommst du nicht rein.“ Etliche der Glaubensverfechter mussten selbst die unangenehme Seite (über)erleben und erleiden, die das C-Virus im Körper der klerikalen Männer und Frauen anrichtete. Das hätte die Segensspender aufrütteln sollen, um sich aktiv und mit viel Einfühlungsvermögen für die Leidenden einzusetzen – mit all ihren kirchlichen Möglichkeiten. Doch denkste, plötzlich waren viele dieser Heilsbringer weg. Wie vom Erdboden verschluckt. Wo waren sie? Sie versteckten sich hinter ihren Kirchenmauern und verriegelten Tür und Tor, um sich selbst zu schützen. Dachten sie: „Nur wer sich selbst schützt, schützt andere – vor Ansteckung?“ Dabei dachten sie aber ganz sicher zuerst nur an sich. Ganz sicher nicht an die Alten und Kranken, die es zuallererst mit dem Covid-19-Virus traf und die sehr unter dem auftretenden Krankheitsverlauf zu leiden hatten.

Viele der Alten und Kranken kämpften um ihr Leben. Viele hofften auf kirchliche Worte eines Pfarrers, der aber nicht kam. Von den Schwerkranken starben viele ohne ein Sterbesakrament, weil kein Priester kam. Hatten die Kirchenfürsten und ihre Vasallen die Kirchen gesperrt, damit sie das Virus nicht auch traf? Durften die wenigen Pfarrer, die für die Sterbenden da sein wollten, nicht in die Krankenhäuser, um ihnen das Sterbesakrament zu geben? Hatten es die Kirchenoberen verboten? Hatte man Angst, dass auch die letzten verbliebenen Priester sich mit dem Covid-Virus anstecken und wegsterben würden? So kann man es auch machen, wenn man sich von den Virulenten distanzieren will. Nicht schlecht, wenn auch nicht sehr katholisch. Und damit das nicht zu offensichtlich wurde, tat man so, als ärgere man sich, dass man die Gläubigen nicht in das Haus Gottes lassen könne. Das Verriegeln der Kirchen hätten sie schon viele, viele Jahre vorher machen können. Es kommt ohnehin kaum noch ein wahrer Gläubiger in das Gotteshaus zum Beten. Die wenigen, die kommen, kann man in einer schnuckeligen Kapelle mit Gottesgebeten abspeisen. Was sie interessierte, war nicht die Gesundheit der Menschen, es waren und sind immer die Milliarden von Euro, die die gesamte katholische Kirche angehäuft hat und die sie mit allen Mitteln vor „Plünderung“ durch Bittsteller beschützen wollen – auch heute und morgen noch. Von den nur verschwindend kleinen Geldbeträgen, die sie locker machten, weil der Gemeindedruck auf die Kirchengelder zu stark wurde, gingen vereinzelte Zahlungen an Notleidende, die durch das Covid-Virus in diese Situation geraten sind.

Zuerst einmal, Corona heißt übersetzt Krone. Passend zu der Krönung der Schöpfung, den Vertretern Gottes hier auf Erden. Sie setzen sich gerne eine Krone auf, um sich zum König nach Gott oder noch besser vor Gott aufzuschwingen. Vor Gott wäre ihnen lieber. Nun ja, vielleicht hilft jetzt Corona dazu, sich aufzuschwingen auf den Königsthron, den Göttlichen. Das Einzige, was sie dafür geben müssten, wäre ihr irdisches Leben. Das werden sie gerne geben, um sich auf den Welten-Thron zu setzen, oder? Tja, da kommt ihnen Covid-19 gerade recht.
Hier ein „mir-verschlägt-es-den-Atem"-Satz: „Wir können und müssen gerade jetzt in der Coronakrise den Reichtum des christlichen Glaubens nutzen, um nahe bei den Menschen zu sein." Wie bitte? Reichtum des christlichen Glaubens? Was soll das denn sein? Und wie sollte der helfen, wie hat er geholfen? Wie eine Injektion gegen das Covid-19-Virus, das die Atmung beim Menschen stilllegt? Einem Impfstoff, der den Menschen davor bewahrte zu verrecken? Kein Gebet, und sei man noch so reichlich mit katholischem Glauben gesegnet, kann bzw. konnte so wirksam sein wie eine Schutzimpfung gegen das Coronavirus. Gut, dass es kein Weihwasser gab, denn sonst hätten die Spender des katholischen Segens mit dem verunreinigten Wasser die Wirkung des Impfstoffes abgetötet. Gewürzt mit einer segensreichen Ansprache … des Todes.
Während die Zahl der Corona-Toten täglich stieg, sorgte man sich nicht nur im Vatikan um das Seelenheil der Infizierten. Nett! Und warum? Damit sie nicht in Sünde starben!? Die Katholische Kirche hatte eine vereinfachte Sündenvergebung in Kraft treten lassen. Schon eine halbstündige Bibellektüre konnte die Seelen der Corona-Infizierten

reinigen, wenn kein Priester für die Beichte zur Hand war, weil diese überall umherflitzten, um „Todgeweihten“ eine sündenfreie Reise in den Himmel zu sichern. Bei denen, die keinen Segen empfingen und die auch nicht in der Bibel lesen konnten, weil sie des Lesens nicht mächtig sind oder keine Gebete nuschelten, da sie keine kennen, Ungläubige zum Beispiel, die fuhren dann ab in die Hölle. Die sehr eifrigen Kirchgänger, die das Ganze nicht mitbekamen, man will es kaum glauben, doch bei ihrem Gott ist nichts unmöglich, und an Corona starben, mussten sündenbeladen in die Hölle „marschieren“.
Wallfahrtsorte konnte man nicht aufsuchen, weil aus Sicherheitsgründen alles abgeriegelt wurde. Kein Glaubenssünder durfte rein, um sich einen Gesundheitsschein mit göttlichem Segen abzuholen, damit man nicht an Corona abnippelte. Nicht einmal Weihwasser gab es in den Becken, denn diese wurden trockengelegt. Aus meiner Sicht auch besser und für die Gläubigen auch lebensabsichernd, wenn sie nicht versuchten, sich das Coronavirus mit Weihwasser raus zu spülen oder sich gesund zu saufen bzw. sich gegen Covid-19 zu immunisieren. Hier zeigten sich die Eingeständnisse der Katholischen Kirche, dass wissenschaftliche Erkenntnisse wirksamer sind als vermeintlich heilige Wässerchen. Da musste es erst zu einer Menschen dahinraffenden Pandemie kommen, dass sogar die Kirche der Wissenschaft mehr Glauben schenkte als dem Können ihres Allmächtigen Vaters im Himmel. Auch der Pope hat sich hinter Glas verschanzt, um sich von dem Coronavirus nicht tödlich anstecken zu lassen, den vereinzelte seiner Gläubigen zum Gebet mitbrachten. Hier glaubte der Papst an die Wunder der Wissenschaft und nicht an die verwunderli-

chen Gebete an seinen obersten Herrn. So zeigte er, dass er seinem Gott nicht vertraute. Wäre nicht zum ersten Mal, denn wer einen Blitzableiter an die Kirche nagelt, der glaubt nicht besonders innig an seinen Gott.
Die Segenssprüche des Papstes an die Menschheit, die Gläubigen dieser Erde, waren völlig wirkungslos, doch das gab man seitens der Kirche nicht so einfach zu. Man riet zwar zu Gebeten, doch rechnete man vermutlich nicht mit der Heilung durch diese. Wie sagen die Herren der Kirche immer wieder? „Alles kommt von Gott, und so ist alles gut, was von Gott kommt.“ War er der Sender von Corona? Eines war jedoch sicher, ein paar gefaltete Hände zum Gebet, dass deren „Zauberkraft“ half, hielten das Virus nicht auf. Es waren die Menschen, die sich richtig verhielten und nicht mit hochgereckten gefalteten Händen Gott baten, sie vor Corona und den nicht seltenen endgültigen Folgen zu verschonen. Ein halbstündiges Rosenkranzbeten, ein Vaterunser oder was es sonst an Gebeten gab, half auch nichts. Sich von (kirchlichen) Massenveranstaltungen fernzuhalten, war schon eine größere Garantie, dem Virus zu entkommen.

Eines war in der Zeit der Coronapandemie leider immer öfter zu sehen. Der Glaube – und nicht nur der von den Christen – ließ (fast) alle Vernunft und (fast) allen Verstand versagen. Zumindest bei den Predigern alten Schlages. Da half es auch nicht zu sehen, wie sich ihr oberster Papa hinter Panzerglas vor dem Coronavirus zu schützen versuchte. Hätte nicht eine deftige Teufelsaustreibung gereicht? Und vielleicht noch mit einer Knoblauchkette um den heiligen Geizhals und einen aus Knoblauchzehen geflochtenen Rosenkranz um die Gebetshände gewickelt? Damit auch der stupideste Pfaffe erkennt, dass ihr Gott ihnen in der Not nicht zur Seite steht? So torpediert uninspirierter Glaube das, was die Wissenschaft an Kenntnissen erforschte, um allen Menschen in der schweren Zeit zu helfen, … was sie auch tat.

Der Vatikan gab sich in der Coronazeit noch verschlossener als sonst. Es fehlte nur noch, dass sie ihre Mitarbeiter einmauerten. Und wie ging es Benedikt XVI.? Den hatte man vermutlich im Gartenhäuserl des Vatikans eingesperrt. Der Einzige, der ihn besuchen und mit ihm das Gartenhaus verlassen durfte, um im Vatikangarten seine Runden zu drehen, war sein „großer" Bruder. Der, der auch wie Jesus Stühle durch die Gegend geschmissen hat, weil ihm, als er Musiklehrer war, was von den singenden Knaben nicht passte. Die beiden gingen sowieso nur den Trampelpfad, den sie in den letzten Jahren im „Garten Eden" erlatscht hatten. Die beiden durfte man nicht mehr allein auf die Straße lassen, weil es für sie dort zu gefährlich war. Welch ein Glück für die anderen. Der eine schmeißt keine Stühle mehr durch die Gegend, und der andere ist nicht mehr für die Inquisition tätig. Beim Älteren von beiden musste man besonders auf seinen Gehstock achtgeben. Den konnte er noch als Schlag- und Züchtigungsstock einsetzen. Das alles hat sich aber seit dem 01.07.2020 erledigt, da der Ältere der Ratzinger-Brüder für ewig zu seinem Herrn befohlen wurde. Wie heißt dieser Herr? Egal, liebe Leut, ihr könnt euch wieder getrost auf den Straßen Roms bewegen.

Die erste Meldung über Corona im Vatikanstaat lautete: „Sechs Menschen sind im Vatikan mit dem Coronavirus infiziert. Ein Mitarbeiter des vatikanischen Staatssekretariats sei von Corona betroffen. Er lebt, so wurde es bestätigt, neben dem Petersdom, dort, wo auch Papst Franziskus schläft und arbeitet.“ Vermutlich deshalb, damit er das Killervirus nicht zu den Heiligen schleppte. Damit meine ich jetzt nicht die seltsamen erhöhten Figuren, die überall im Vatikan teilnahmslos und ahnungslos herumstehen. Und was macht man mit dem Papst? Nun, der musste sich erneut testen lassen und hat dafür wieder eine Spuckeprobe abgegeben. Die Spucke-, nicht die Stuhlprobe. Die Rachenprobe wurde negativ getestet. Hier habe ich einen Tipp. Wie wäre es, wenn man die Kirche testet? Auf Glaubwürdigkeit, Menschlichkeit, Friedfertigkeit und vieles mehr? Der Test würde negativ ausfallen – wie die Speichelprobe des Papstes. Das Ergebnis der Speichelprobe war zur großen Erleichterung aller im Vatikan negativ. Bei einem Kirchentest, weltweit, würde ein negatives Ergebnis nicht die Freude der Vorbeter und der Gläubigen hervorrufen. Vielleicht ein betroffenes Schweigen, wenn auch nicht lange. Negativ und negativ hebt sich in der Kirche, aus meiner Sicht, nicht auf. Es ist völlig egal, ob es ein Covid-19-Virustest, oder ein Kirchentest ist. Negatives bleibt Negatives.

Wo blieb die viel beschworene christliche Nächstenliebe in der Coronazeit? Wo sie sonst auch immer ist – im Nirgendwo. Das Coronavirus verbreitete sich im Eiltempo um den gesamten Globus. Die Gesundheitssysteme in mehreren Ländern kollabierten und Millionen von Menschen standen von heute auf morgen vor finanziellen Krisen und damit einhergehend in einer existenziellen Notlage.

Wenn alle Hilfe brauchen, dann müssen auch alle helfen, um sich und seine Mitmenschen zu schützen. Viele taten das auch. Der Staat, in dem ich lebe, tat auch vieles, um die Not aller seiner betroffenen Bürger so gering wie möglich zu halten. Er sparte nicht mit dem Geld. Er kleckerte nicht mit dem Geld, er klotzte mit Milliarden von Euro, die er den Menschen in der Not gab. Es waren aber auch die kleinen und großen menschlichen Gesten in der Coronakrise, die die Menschen zusammenbrachten, obwohl man sich auf Abstand halten musste, um sich nicht selbst oder andere anzustecken. Wo es ging, und nicht nur in den Krankenhäusern, wurde geschuftet, um die Not zu mindern und dadurch zu lindern. Es waren die Krankenschwestern und Krankenpfleger, genau genommen das ganze Krankenhauspersonal, die teils drei Schichten schufteten, bevor sie selbst vor Erschöpfung nicht mehr helfen konnten. Meine Dankbarkeit geht auch heute noch an die Menschen, die jeden Tag da draußen dafür sorgten, dass Menschen verpflegt, gepflegt und medizinisch betreut wurden. Auch an alle Menschen, die für Alte und Kranke die Einkäufe erledigten, sie zum Arzt fuhren und für sie zur Apotheke gingen und sonstige wichtige Erledigungen machten. Ebenso den Menschen, die an den Kassen der Lebensmittelmärkte saßen und sich der Ansteckungsgefahr aussetzten und dennoch für ihre Kunden ihren Job verrichteten. Nicht zu vergessen diejenigen, die logistisch dafür sorgten, dass der Nachschub mit Lebensmitteln und Artikeln des täglichen Lebens funktionierte. An die, die den Müll abholten und auch die, die putzten und sauber machten, und nicht nur in den überfüllten Kranken- und Pflegeeinrichtungen, geht mein großer Dank. Und wenn es nur mal ein kleines Lächeln oder ein nettes Wort waren, das half schon, Mut zu machen, sich nicht unterkriegen zu lassen. Helfen konnte jeder, der (noch) gesund war.

Um zur Sache zu kommen: Nicht morgen, nicht übermorgen, sondern genau in der weltweiten Coronakrise ist der richtige Zeitpunkt gewesen, um die Welt teilhaben zu lassen an dem finanziellen Reichtum und nicht der christlichen Nächstenliebe, die die Kirche so gerne propagiert. Kollekten haben sie ausgerufen, um ja nicht ihr Geld rausrücken zu müssen. Die Nächstenliebe soll nicht nur für die Würdenträger der Kirche und auch deren Anhänger durch eine Geldspende gezeigt werden. Das Geld soll in den Krankenhäusern, in der Pflege, in der Forschung, in der Sozialhilfe und bei noch vielen anderen dringend benötigten Einrichtungen und Hilfesuchenden ankommen. Ja, soll, doch war es auch so? Und was haben sie, die Fürsten des Glaubens, gegeben? Aus meiner Sicht nicht mehr als ein Butterbrot. Bei viel Glück mit Ei, doch gewürzt mit vielen schlauen religiösen Sprüchen und himmlischen Ratschlägen, und dass man durch Gebete dann kein Leid (mehr) ertragen werde. Na, dann sollte man die Menschen fragen, darunter befinden sich auch Christen, die vom Virus schmerzhaft in die Knie gezwungen wurden, und die, die das Covid-19-Virus so gerade noch überlebt haben. Ob die noch an einen Gott glauben? Er, der doch so mächtig ist, dass er seine gehorsamen Diener vor Leid und/oder Tod beschützen kann, oder soll ich sagen, verschont, während er die anderen, die Ungläubigen oder Andersgläubigen, verrecken lässt? Nein, er hat niemanden (wirklich) verschont. Von denen, die es traf, hatten viele unter dem Coronavirus zu leiden, Christen inklusive. Oder trifft es die, von denen er weiß, dass sie Heuchler und Pharisäer sind?

Es gab die Gelegenheit, sogar die Pflicht, dass Kirche und Staat endlich mal zusammenarbeiteten. Und nicht nur, dass der Staat der Kirche finanziell das Geldsäckel füllt, wo es ganz sicher nicht nötig ist. Die Kirche will keine Naturalien, sondern stets nur die Kohle, die Penunsen, die Knete der Bürger. Es waren nicht nur die Gläubigen, die das Geld der Kirche brauchten, um dieses wieder in die Kirche als Spende getarnt zu bringen. Sie brauchten es eigentlich, um sich und ihre Familien mit allem Nötigen versorgen zu können. Doch die Kirche vergisst nie die, die nichts an sie spendet.

Himmlische Höhenflüge

Am 22. März 2020 flog ein hoher Prälat über Wien und stellte fest, dass er Wien schon lange nicht mehr so klar gesehen habe. Vermutlich liegt es daran, sagte er, dass keine anderen Flugzeuge in der Luft sind, die den Himmel verunreinigen. Kaum gesagt, schon folgte der nächste Spruch: „Ich glaube, diese Krise (Covid-19) wird bei den Menschen zu einer großen Besinnung und Einsicht führen." Hier frage ich mich, hat es bei ihm zu einer großen menschlichen und normalen und einer gottfreien Besinnung geführt? Vermutlich nicht. Der hat sein schädliches Virus bei der Priesterweihe durch den bischöflichen … huijuijui … Bruderkuss erhalten. Und das kriegt er nie wieder los. Seit dieser Zeit wütet dieses Virus in der Gesellschaft und bringt Not und Elend über sie. Dumm nur, dass es viele nicht merken und nicht wissen, woher das Leid kommt. Besonders bei den Gläubigen, die sonst vor Langeweile, da sie nicht in ihr geliebtes Gemeindegebetshaus durften, zu Hause herumlungerten und nicht mehr wussten, wen und was sie noch anbeten sollten.

Aus einem Flugzeug heraus wurde die Slowakei als Maßnahme gegen das grassierende Virus durch einen katholischen Geistlichen gesegnet, mithilfe eines Artefakts, dem religiöse Wunderkräfte zugeschrieben werden. Mal wieder eines. Das Coronavirus vermag es offenbar, und die Gläubigen freuen sich darüber, besonders kuriose religiöse Vorstellungen und Kulthandlungen aus der Mottenkiste zu holen. In der Slowakei wurde eine spleenige Form des Reliquienkults zelebriert, als dortige Bischöfe mit einem heiligen(?) Objekt, das angeblich religiöse Superkräfte hat, kreuz und quer über das Land flogen, um die Reliquie Wunder wirken zu lassen. Das berichtet das Österreichische Fernsehen (ORF) und beruft sich dabei auf den slowakischen Fernsehsender TA3. Und um was für ein coronavernichtendes Wunderwerk handelte es sich? Bei der Reliquie handelte es sich um ein im Wallfahrtsort Hronsky Benadik befindliches Tuch aus dem späten Mittelalter, das angeblich mit Jesusblut getränkt sein soll. Es wird nur in absoluten Notlagen hervorgeholt.

Um dessen Wirkung des Heilens oder des Schutzes vor Corona zu erlangen, sollten die Gläubigen für den Erfolg der fliegenden Reliquie beten, und dann wird sich die Kraft des heiligen Artefakts – es handelte sich um ein Tuch – entfalten, sagten Vertreter der dortigen Katholischen Kirche. So könnten die Betenden zusammen mit der „fliegenden Segnung" die Ausbreitung des Krankheitserregers bekämpfen. Jetzt mal ehrlich, was soll denn dieser Quatsch, zu behaupten man habe ein von Jesu Blut durchtränktes Stück Stoff, mit dem man aus einem Flugzeug heraus das Coronavirus bekämpfen möchte. Soll das blutige Tuch das Virus hinwegwaschen? Glaubte man wirklich, dass die Menschen an solchen Hokuspokus glauben? Einige sicher schon, Hauptsache, es hat was mit Jesus zu tun. Da wird alles geglaubt, wenn man sonst an nichts mehr glaubt. Vermutlich hat er bei diesem Flug über seine zu Behütenden noch Folgendes gesagt: „Verflucht, die (blöden) Schafe werden auch immer weniger. Die rotten sich noch selbst aus."

Ich weiß nicht, was slowakische Bischöfe verdienen, wenig ist es vermutlich nicht. Irgendwie wollten sie ihr angehäuftes Geld loswerden, und sei es, dass sie ein Flugzeug charterten, um damit durch die Lüfte zu fliegen und aus dem Flugzeug heraus als Maßnahme das herumschwirrenden Covidvirus aufzuhalten mithilfe eines mittelalterlichen Artefakts, dem Wunderkräfte, religiöse natürlich, zugeschrieben werden. Sie sollen dem Coronavirus den Garaus machen. Zum Teufel damit? Nein, diese Geschichte habe ich, wie so vieles, über das ich im Buch geschrieben habe, im Internet gefunden. Und als ob das nicht reicht, kommen noch die Gelder hinzu, die man wahrlich für Besseres ausgeben kann, statt Unmengen von Dreck in die Umwelt zu pusten. Die Slowaken bekamen in Bausch und Bogen einen „Befreiungssegen“ fast schon aus dem Himmel verabreicht, wenn man es genau betrachtet, einen, der durch die Gelder der Gläubigen finanziert wurde. Das Chartern eines Flugzeuges ist schon teuer, doch was hat der Bischof dafür verlangt, dass er hoch vom Himmel seinen Segen gegen das Covid-19-Virus einsetzte? Billig war der Höhenflug sicher nicht. Bischöfe brauchen das hin und wieder, um sich dem lieben Gott anzunähern. Was hat diese Vernichtungsaktion gebracht? Nichts. Der kleine Fiesling schwirrt noch immer in der Luft herum. So schnell lässt sich dieser nicht mit Zaubersprüchen ausrotten.

Das, was man in einem Kirchenkeller deponiert, hat keine Wirkung, um Wunder zu bewirken, sonst würde diese angebliche „Reliquie“ nicht in einem kirchlichen Verlies in einer Mottenkiste verstauben. Eines ist sicher, die heiligen Superkräfte zeigten keine Wirkung.

Tipp für die hohen geweihten Herren der Kirche: Warum bittet ihr euren Gott nicht um Flügel, damit ihr dann wie Engel über den Köpfen der Gläubigen herumflattern könnt? Toller Nebeneffekt, ihr wisst auch gleich, wie es sich anfühlt, ein fliegender Gottesdiener zu sein.

Elegant(i) Aussage

Eine penetrante Glaubensüberhöhung und Verweigern von klarem Denken lieferte ein Weihbischof. Ganz „Eleganti“ sagte er, dass die Hygienemaßnahmen zur Eindämmung des Coronavirus für ihn eine säkulare Zumutung seien. Er ging so weit, dass die Maßnahmen des Staates für ihn eine Anmaßung und die Sicherheitsmaßnahmen überzogen seien. Besonders wenn es um seine geliebte Kirche ging. Er glaubt, so sagte er weiter, dass Gott die Gläubigen genügend schützen würde, an welchem Ort auch immer sich die (gläubigen) Menschen aufhielten. Damit meint er die Wallfahrtsorte rund um den Globus und alle Kirchen … der Christen. Weiter behauptete er, Weihwasser und Kommunion hätten Heilkräfte. Er glaube an die übermächtige Kraft der Gegenwart Gottes in der Hostie: https://www.br.de/nachrichten/deutschland-welt/missbrauchter-glaube-corona-falschinformationen-in-kirchen,S2uUa2E

In der katholischen Kirche gibt es noch viele von denen, die an Gotteswunder glauben. Besonders die verherrlichungssüchtigen Prälaten, die nicht nur im Vatikan tätig sind. Genau besehen sind es die ganz alten Würdenträger, die sowieso nichts mehr richtig auf die Reihe bringen. Für sie ist etwas, das man nicht sieht, auch nicht schädlich. Klar, ihren Gott sieht man auch nicht, und der tut doch keinem was Arges. Um Arges zu begehen, braucht es keinen Gott. Das geht auch ohne IHN. Und die Kirche macht es immer wieder vor, wie das geht. Jetzt noch ein weiterer „Hau-mich-weg-Satz“ eines … Lieber Leser, entscheiden

Sie selbst, wie Sie diesen Mann bezeichnen wollen, der Folgendes gesagt hat. Hier nun die düsteren Prognosen des Riedlinger Pfarrers: Es werde bald kaum mehr bezahlbare Lebensmittel geben, zudem werde noch viel Wüsteres als Covid-19 über uns gebracht sowie ein Viertel der Weltbevölkerung in kurzer Zeit sterben – das erinnert an endzeitliche Szenarien.

Der Kirche bleibt die Spende weg – auf Schmarotzer können sie verzichten,

Oh Schreck, oh Schreck, den Priestern bleibt die Kirchenspende weg. Ja, und andere brauchen das Geld nötiger. Nun, ganz so arg ist es nun doch nicht. Lange musste ich suchen, um Folgendes zu finden. „SPENDEN FÜR CORONA-BETROFFENE". Finanzielle Engpässe, die Kirche hilft. Spenden für Corona-Betroffene." Das Coronavirus kann Menschen vorübergehend in wirtschaftliche Schwierigkeiten bringen. In solchen Fällen hat die Kirchgemeinde … die Möglichkeit, mit kleineren Beträgen vorübergehend finanziell stark Betroffenen aus der Klemme zu helfen. Ihr Aufruf an die Betroffenen (wurden nicht auch Kirchenangehörige, Kirchensteuerzahler auch mit einbezogen?) lautete: Wenden Sie sich in finanziellen Engpässen daher ungeniert an Hochwürden… Und jetzt kommt's, um Geld an die „Armen" auszahlen zu können, rief die Kirche erst mal zu einem Spendenaufruf auf. Zusammen mit der Kontoverbindung der Pfarrkirche und dem Kennwort „Corona". Ich wusste es ja, erst musst du was blechen, damit du von dem Gespendeten dann auch mal was bekommst, mit viel Glück, wenn du es dringend brauchst, weil du in Geldnöte geraten bist. Vor der Spende hattest du noch das Geld, um ein paar Wurststückchen in die Suppe zu geben. Nach der (zwangsgeleisteten) Spende reicht es nur noch zur Suppenbrühe mit ein wenig Grünzeug darin – aus dem Garten Eden? Aus der eigenen Pfarrkasse kommt nichts raus, was erst mal dort reinkam. Und wenn die Kirche sagt, dass sie Krankenhäuser, Pflegeeinrichtungen und noch vieles andere zur Verfügung stellt, kann ich nur sagen: Glaubt ihr denn wirklich, dass ihr alle und jeden für Deppen halten könnt? Alles, was die Kirche gibt, hat sie durch die milliardenschwere Kirchensteuer, die Staatszahlungen, Ausgleichszahlungen der Bundesländer – unberechtigterweise – sowie Abermillionen von Spenden, auch von den Nichtchristen, bereits erhalten. Und wenn die Kirche doch was bezahlt hat, dann in die eigenen Unternehmen. So blieb das Geld in den eigenen Reihen. Caritas zum Beispiel.

Die Katholische Kirche in Österreich gibt eine Million Euro für Covid-19-Hilfe, hatten die Bischöfe Österreichs beschlossen. Und wer bekam das Geld? Die österreichische Caritas. „In der Krise [...] dürfen wir auch die Schwächsten nicht vergessen und müssen unbürokratisch jenen helfen, die von der Coronapandemie besonders betroffen sind". Die Corona-Nothilfe wird regional von der Caritas abgewickelt, damit den Betroffenen – vor allem Obdachlosen, Alleinerziehenden, Pensionisten und kinderreichen Familien – rasch geholfen werden kann. Und zu allem gab es zu den Segnungen und guten Ratschlägen gleich auch noch einen Spendenausdruck in die Hand gedrückt. So wie es von den Geistlichen der BRD auch gehandhabt wird.

Von mir bekämen sie nachträglich auch eine Segnung – eine Aussegnung. Schade nur, dass man die Segensspender nicht in Auslagen der kirchlichen Aussegnungshalle, wie es früher war, zur Sichtung der Geizhälse und Vermögenssammler aufbahren darf. Aber nein, stattdessen vergammelten sie in ihren Palästen und Burgen oder riesigen sündhaft teuren Appartements und verschanzten sich vor der Ansteckung und dem Leid, das sie eventuell durch Corona hätte treffen können. Was mit den anderen um sie herum geschah, interessierte sie nicht. Motto: „Ihr Tod ist nicht ihr Ende."

Wenn es um Macht und Einfluss geht, ist die Kirche sofort bereit mitzuwirken. Das ist ja auch ihr Steckenpferd. Wenn es um Geld geht, welches sie für die wahren Bedürftigen geben könnte, da hört die Zusammenarbeit schnell auf. Besonders in Notzeiten, in denen es auch gute Kirchgänger traf. Hier trifft sicher der Spruch wie die Faust aufs Auge: „Hilf dir selbst, dann hilft dir Gott". „Und wir, die Gottesdiener sind, nicht Gott" – oh wie gut. Doch ganz so eisig wollten sie dann doch wieder nicht sein. Sie gaben viele gute Ratschläge, sie haben ja auch viele Regale voll mit Büchern, in denen die guten Ratschläge stehen. Diese Ratschläge halfen niemandem in der Not. Sie sättigten nicht und schafften in der Coronazeit auch kein Dach über den Köpfen der Notleidenden herbei. Schon Goethe schrieb: „Die Kirche hat einen großen Magen." Am liebsten frisst die Kirche Geldscheine mit großer Nennung. Das bisschen Klimperklump, mehr sind die Münzen für die Kirche nicht, würgen sie auch noch runter, wenn man es ihnen in den Rachen drückt. An der Gier der Kirche hat sich bis heute nichts geändert. Das Eingangstor für die Geldeinnahmen ist riesig, der Ausfluss für Gelder dafür winzig klein – man sieht es kaum.

Ja, so war es, als man die Kirche auf Corona-Hilfsgelder angesprochen hatte. Ich schätze, dass man bei der Anfrage nach kirchlichen Hilfsgeldern anfragte, die die Worte „eine kleine Spende" in der Anfrage nach Hilfsgeldern eingefügt hatte. Und schlau, wie die Kirche ist, hat sie das wörtlich

genommen. Wer um wenig bittet, der bekommt auch wenig. Da hält sich die Kirche gerne an die einzelnen Worte der Spenden suchenden. Die Kirche litt plötzlich unter einem Hörproblem. Kaum gehört, schon zog man den Atemschutz bis über beide Ohren. Und schon war der Mund-Nasenschutz auch ein Hörschutz. Die Lauschlappen wurden dichtgemacht und die Kirchenpforte dem Bittsteller vor der Nase zugeschlagen. Vielleicht ist es so abgelaufen: „Herr Mesner, Herr Mesner, schnell, sperren Sie die Kirchenpforte und alle anderen Türen ab. Ich will keinen der Geldbettler in meiner Kirche haben. Und dann schmeißen Sie den Schlüssel weg. Am besten in das Weihwasser, dann löst er sich darin auf."
Was gibt es heute in der Kirche statt Weihwasser? Ein Desinfektionsmittel. Was haben Weihwasser und Desinfektionsmittel gemeinsam? Beides ist flüssig und beides tötet. Tötet?" Wie, was tötet? Desinfektionsmittel tötet Viren und Bakterien. Weihwasser hat krankmachende Bakterien und Viren und tötet bei viel Pech auch Menschen, wenn man sich davon zu viel ins Gesicht „schmiert". Sich damit zu oft bekreuzigt. Ja, so kann das Weihwasser einen schnell auch ohne Sündenfreisprechung in den Himmel befördern, oder wer weiß, wohin.

Es gibt eine Kirche, die hat einen hygienisch unbedenklichen Corona-Weihwasserspender bei sich aufgestellt. Ja wirklich, diesen Spender gibt es. Billig ist der nicht gewesen. Die knapp 700 Euro, die dafür berappt werden mussten, mit Versandkosten, holte die Kirche durch einen Spendenaufruf bald wieder herein. Und wie funktioniert dieser Weihwasserspender? Man steigt auf ein Pedal und dann kommt das Weihwasser heraus – aber nur drei Tropfen. Ein Tropfen für den Gottvater, einen für den Sohn Gottes und den dritten für den Heiligen Geist. Das muss reichen, um sich vor Gott (Trinität) zu bekreuzigen. Man darf keinen Tropfen des gereinigten, des Seuchen verursachenden Weihwassers verschwenden. Dies wäre sonst ein Sakrileg an Gott und seinen Mitstreitern. Frage: Sind alle weiteren heiligen Tröpfchenspender, die man in anderen Kirchen aufgestellt hatte, nach der C-Krise stehen geblieben? Sinnvoll wäre es, um die Gläubigen vor verdrecktem Weihwasser zu schützen, wenn sie sich damit ein Kreuzzeichen auf die Stirn schmierten.

Weihwasser wird nicht nur gegen das Coronavirus eingesetzt, nein, man wäscht auch mal vergewaltigten Kindern den Mund aus, wenn sie oral vom Priester missbraucht wurden. Nein, das ist nicht so dahergesagt. So geschah es mit einem kleinen Jungen in Pennsylvania, nachdem der Gottesmann den Neunjährigen zum Oralsex gezwungen hatte. Der Hochwürden wollte mit einer Reinigungsoffensive den Sündenvirus im „Körper" des Kindes beseitigen – mit Gottes Hilfe. Wie schön, dass das aufgekommen ist. Nicht einmal der Gottes-geheiligte Virus schützte den Priester vor Entlarvung seines abscheulichen Vergehens. Wer mir das soeben Gelesene nicht glaubt, der tippe im Internet „Weihwasser nach Vergewaltigung ein" und müsste dann fündig werden, um selbst nachzulesen, worüber ich geschrieben habe. Oder schaue in den Link: https://www.fr.de/politik/weihwasser-nach-vergewaltigung-10958394.html

Um sich wirklich vor Bittstellern, die per Bettelbriefen, auch per Mail, die die Kirche „bedrängten“, zu schützen, wurden diese nie „angenommen“, geschweige denn gelesen. Und wenn doch, dann hat man wieder einmal herzlich gelacht. Vielleicht dachte man sich auch, „diese Wirrköpfe geben es nie auf, uns zu bitten, von unserem Reichtum etwas abzugeben. Lernen die denn nie dazu?“ Bei der Kirche gibt es nur zwei echte Gefühle: wütend sein, weil man Geld von ihr verlangt und ein Lachen, weil man von dem Gottesliebhaber immer Geld bekommt, wenn man um Geldspenden aufruft. Das Geld kommt dann in Massen auf die Kirchenkonten. Gespendet von den Gläubigen.

Finanzielle Aufwertung der Altenpflege scheitert an der Geldgier der Caritas

Die Caritas hat mit ihrer Ablehnung, den Arbeitskräften in den Pflegeberufen mehr Geld zu bewilligen, bewiesen, dass die Kirchen nie wirklich zu ihren „Laienmitarbeitern“ in den sozialen Einrichtungen stehen. Besonders wenn es um eine finanzielle Erhöhung ihres Lohnes/Gehaltes geht. Seitens der Gewerkschaften gab es scharfe Kritik an die Kirche, doch die stöpselte ganz gekonnt ihre Lauscher zu. Vermutlich störte sie das „Betteln“ ihrer Mitarbeiter. Schließlich sind es die Prediger, die das Anrecht auf das Betteln haben, und nicht das Gesinde, was für sie arbeitet. Sich aufarbeitet, wohlgemerkt. Doch den Direktoren in der Chefetage von Caritas geht es am A… vorbei, was ihre Mitarbeiter wollen, besonders war das in der schlimmsten Coronazeit. Sie, die Mitarbeiter, haben zu buckeln, auch vor ihnen, und den Mund zu halten. Und wer nicht schweigt, der fliegt – raus.
Diese tarifliche Mehrzahlung ab August 2021 und die neuen Arbeitsbedingungen in der Pflege wollte die Caritas nicht mittragen. Sie verhinderte damit eine bundesweite Regelung, denn gesetzlich müssen die Arbeitsrechtskommissionen der Kirchen einer einheitlichen Regelung zustimmen, wozu sie nicht bereit ist, denn sonst müssten sie ihr riesiges Sparschwein plündern. Die Religionsfreiheit und die Freiheit, selbst über ihr Geld zu bestimmen, bleibt weiter in Gottes Hand – der Gierigen.

Ja, da haben wir es wieder, die Caritas zeigte sich erneut von ihrer sparsamsten Seite. Sie zeigte ihren aufopferungsvollen Mitarbeitern, besonders in der Coronapandemiezeit, wie man noch mehr Geld spart. Vermutlich sagte man, dass die Zahlenden wegsterben. Und Tote bringen kein Geld in die Pflegestationen und Altenheime. Und was ist mit denen, die die freien Alten- und Pflegeplätze einnehmen und um die sich die schwerst arbeitenden Pfleger sofort kümmern? Bringen die alten und kranken Nachrückenden nicht Mörderkohle in die eh schon prall gefüllten Caritas-Safes? Sie, die vielen Pfleger/innen und Helfer/innen, sollten für die zig Überstunden in der fast unzumutbaren Arbeitskleidung, die aufgrund der Coronaviren zu tragen sind, eine Aufopferungszahlung Monat für Monat zu ihrem Gehalt bekommen. Das ist bereits mehr als gerechtfertigt. Und was bekommen die Altenpfleger, die sich unter den schwersten Arbeitsbedingungen, was schon in der Coronakrise geschehen ist, zu Tode schuften, dann am Ende ihres Lebens? Eine popelige Beerdigung, an der ein demotivierter und oft dazu auch noch besoffener Pfarrer am Grab mal eben ein Standardgesäusel herunterleiert. Und die Kirche im Gesamten zeigt auf, wie man Geld heranschaufelt. Spätestens bei der Beerdigung, wenn sie den Menschen (r)untergebracht hat. Der passende Spruch dazu ist: „Undank ist der Kirchenlohn.“

Der gute Franziskus spendet Essen und Duschen

Am 31. März 2020 begann Papst Franziskus seine Predigt mit einem Gebet für alle Obdachlosen auf der ganzen Welt. Er appellierte an die Gesellschaft, ihre obdachlosen Mitmenschen nicht zu vergessen. Na da, schau her, er erinnert sich an Obdachlose. Was denkt er sich dabei? Eigentlich nichts. Doch spendete Papa Franziskus in Rom Essen und eine Dusche. Eine Körperpflege? Vermutlich mit kaltem Weihwasser, dem verseuchten. Und wem hat er das Warmwasser abgedreht? Seinen Kardinälen? Durften die Obdachlosen in der Vatikankantine zum Essen gehen? Am selben Tisch sitzen, an dem der Papst sein Süppchen schlürfte?
Noch im selben Jahr eröffnete er ein Heim für 50 Obdachlose in 16 Zimmern. In dieser Unterbringung kann man Corona untereinander ratzfatz austauschen … und die Bewohner gleich mit. Na, das war wieder eine wahrlich große Spende … an den Herrn im Himmel, der immer Nachschub braucht, um den Teufel zu bekämpfen. Dafür sind Obdachlose und Alte noch gut zu gebrauchen. Danke, lieber Papst, und die Portokasse kannst auch wieder schließen.

Papst Franziskus hat trotz strenger Ausgangsbeschränkungen der italienischen Behörden den Vatikan verlassen. In der Coronakrise müssen alle anderen zu Hause bleiben – und Papst Franziskus konnte nahezu alleine durch die menschenleeren Straßen von Rom gehen. Hier zeigte sich wieder, wie sich die Kirche über die Gesetze und Vorschriften hinwegsetzt. Vermutlich sagte man – Papst – sich: „Mit Gott wird kein Papst an Covid-19 verrecken.“ Und deshalb wandelte er, so mir nichts, dir nichts, auf den Straßen Roms umher. Und was wollte er damit zeigen? Sich? Seine Standhaftigkeit gegenüber Corona oder wollte er ein Aufbegehren erzwingen und die Römer anstacheln, es ihm gleichzutun? Wenn das kein verrücktes und grob fahrlässiges Verhalten ist, dann weiß ich auch nicht mehr weiter. Glaubte er, dass ihn ein, ihr, Gott beschützt? Und was ist mit den Menschen, die Gott nicht so nahestehen? Ja mei, wenn's Glück hatten, dann schwirrte der Virus an ihnen vorbei. Immer noch besser, als dass es mich erwischt und mich verrecken lässt, sind da wohl die egoistischen Gedanken vieler.

Der Segen „Urbi et Orbi“ wird nur zu Weihnachten, Ostern oder einer Papstwahl gesprochen, doch in der Coronakrise machte Papst Franziskus eine Ausnahme. Wer den Urbi-et-Orbi-Segen empfängt, erhält zum Segen auch einen Sündenablass, das bedeutet nach katholischer Lehre, dass Sünden getilgt und Strafen nicht erfolgen werden. Sollte das ein Versprechen gewesen sein, als er am Freitag, den 27.03.2020, den heiligsten Segen verkündete? Ein nicht schriftlich vom Papst unterzeichneter Segen, der vor allem den Corona-Sterbenden Trost spenden sollte, weil er dachte, ihnen kann eh keine medizinische Versorgung mehr helfen und dass sie deshalb sterben werden? Mit diesem hochheiligen Segen hat er aus meiner Sicht den im Sterben Liegenden klar gemacht, dass ihr Lebenslicht bald ausgebrannt ist. Mit Solidarität hat das aus meiner Sicht nichts zu tun gehabt. Vielleicht hat er es wirklich gut gemeint, doch für mich ist der Urbi-Segen nach hinten losgegangen. Klar, es ist meine Interpretation des Spendens eines Segens, als der Papst diesen über den Erdball gesendet hat. Oder hatte er Angst, dass er es vielleicht selbst nicht bis zu Ostern schaffen könnte, wenn ihn das C-Virus befällt? Oder wollte er doch nur wieder Eindruck schinden und glaubhaft machen, dass ein Papstsegen den Kirchen leerräumenden Virus fortjagt und die heilt, die an Corona erkrankt sind, bzw. allgemein darunter leiden? Da hatte er sich geirrt, kein Gottessegen aus dem Munde des Papstes hat das Coronavirus vertrieben. Schon gar nicht mit einem Wischiwaschisegen. Als Hilfsmittel stand ihm auch kein Weihwasser mehr zur Verfügung, das er mit einem wedelnden „Wischmob“ oder seiner jahrelang gebrauchten Klobürste verspritzte. Ja, eine Klobürste kann auch eine göttliche Allzweckwaffe sein. Man muss nur wissen, wie man sie verwendet und wofür man sie einsetzt. Und den Einsatzmöglichkeiten sind da kaum Grenzen gesetzt. Sein Kreuz auf der Brust hätte er gleichfalls schwingen können, gebracht hätte es nichts. Und einen Weihrauchkessel darf man ihm auch nicht in die Hand geben, weil er sich, aufgrund seines Alters, sonst noch selbst angezündet hätte. Nichts ist unmöglich. Hätte ihn Gott davor bewahrt? Die Feuerwehr schon – und wenn es nur die Vatikanische mit einem Gartenschlauch gewesen wäre. Das Credo des Ganzen ist, dass der Papst (mit unsichtbarer Hilfe Gottes) Corona nicht den Garaus machen konnte. Und jetzt noch etwas. Warum trugen die Millionen Gläubigen eine Schutzmaske, wo sie doch auf Gottes Hilfe bauten und ihm vertrauten, dass er sie vor dem Covid-19 bewahre. Wo blieb denn der unverrückbare Glaube an Gott und seine Hilfe? Im Nirgendwo, denn wenn ihnen doch geholfen wird, warum hatten sie dann nicht ihre Masken denen gegeben, die diesen weltlichen Schutz vor Corona brauchten, weil ihnen keine präsente Omnipotenz zur Seite stand, um sie vor Not und Elend zu beschützen? Nein, keiner dieser Gottesanbeter vertraute auf Gott. Da war man sich am nächsten und Gott weit weg. Besonders weit fern waren die Alten und Kranken, die diese Schutzmasken am dringendsten gebraucht hätten. Und der Tank in den Protzkarren war leer, um die Alten und Kranken in den Spitälern und Altenheimen aufsuchen zu können. Und mit einem Fahrradl, Drahtesel, fährt keiner von denen umher, schon gar nicht, wenn es so zapfig kalt ist, um Alte und Todkranke aufzusuchen, um ihnen Trost zu spenden. Von mir aus auch einen Kirchensegen zu geben. Gottes Nächstenliebe hat nur so lange Bestand, wenn er einem selbst hilft. Hat er geholfen? Wenn es ihn gibt, dann nicht jedem. Die Tiefgläubigen würden sagen: „Uns hat er doch geholfen, denn sonst würde ich ja nicht mehr leben, gut leben. Gott schützt die, die an ihn glauben." Hier sage ich nur: „Weit gefehlt, es hat Tausende von Kirchengniaglern mit dem Virus erwischt und auch vielen davon das Leben gekostet. Euer Gott macht da keinen Unterschied zwischen Kirchgängern und Nichtgläubigen."

Jetzt hat der Leser sicher bemerkt, dass es bis zu diesen Zeilen noch keine einzige Zahl einer Kirchenspende zu lesen gab. Wie auch, es gibt keine Kirchenspende, und damit keine Zahl dessen, was die Kirche mal, mit verkrampften Pratzen, aus der Geldschatulle herausnahm und Hilfesuchenden spendete. Das Geld, das die Kirche ausgab, ist ein geringer Teil dessen, was man ihr hat zukommen lassen – durch den Staat und die Spenden der Gläubigen. Und wenn die Kirche Geld locker macht, dann nur mit einem Kirchenzins, dass es einem schon angst und bange wird, dass man nicht bei der Zinsrückzahlung in eine Existenzkrise abzurutschen droht.

In der Coronakrise riefen die großen christlichen Kirchen in Deutschland zum Zusammenhalt auf. Sie hatten erkannt, wie löblich, dass es die Schwachen „mit aller Härte" treffe, hieß es, als sich Vertreter der drei großen deutschen Kirchen trafen. Dank gebührt den Ärzten und Pflegekräften, ebenso den vielen Freiwilligen, die Schwächere mit Einkäufen unterstützten. Und das war es dann? Ja, das war es dann für sie schon wieder. Sich selbst aktiv an der Hilfe für die in Not geratenen Menschen beteiligen, taten sie nicht. Und wenn doch, dann nur so gering, dass man es kaum sah. Hier würden sie jetzt sagen: „Man muss uns nicht immer sehen, wenn wir Gutes tun." Darauf würde ich sagen: „Dann lasst euch gefälligst sehen, wenn ihr schon anderen helft – oder helfen wollt. Und damit verbunden, gebt reichlich von dem, was ihr milliardenfach habt und nicht herausrücken wollt. Bescheidenheit ist in der Coronazeit nicht angebracht. Es zeigt eher euren Unwillen, finanziell anderen zu helfen. Der Segen, von dem ihr immer großspurig sprecht, der hilft keinem aus dem Krankenbett oder schützt vor dem Verhungern. Also quatscht nicht nur, macht etwas, das den Hilfesuchenden wirklich hilft."
Hat es was gebracht? Das können andere beurteilen. Ich nur für mich. Und mein Urteil ist gefällt.

Aller-Covid-Heiligen 2020

https://www.n-tv.de/regionales/bayern/Corona-Glaeubige-sollen-Graeber-Allerheiligen-selbst-segnen-article22072806.html

München, die Katholiken in Bayern sollen die Gräber ihrer Angehörigen zu Allerheiligen selbst segnen. „Die Gläubigen sollen ermutigt werden, selbst mit Weihwasser die Gräber zu segnen“. So entschied man es in der Freisinger Bischofskonferenz, bei der Zusammenkunft der bayerischen Bischöfe.

Nun denn, man nehme ein Kanderl (Kanne) voll (verseuchtem) Weihwasser mit auf den Friedhof und spiele dann einen geweihten Priester. Mal ehrlich, wer braucht den schon? Die Toten nicht – und die Lebendigen? Nee, die (eigentlich) auch nicht.

Die Heilige Corona

Und nun ein besonderes Highlight. Ebenfalls gefunden in den Tiefen des Internets. Wie jedem Ungläubigen, aber auch Wissensdurstigen bekannt ist, hat die Kirche für alles oder jeden einen oder eine(n) Heilige(n). In der Corona-Pandemie-Zeit erinnerte man sich plötzlich an die heilige Corona. Man holte sie aus einem Kellerloch heraus, staubte sie ab und wurde dann von der Kirche aktiviert, um gegen das Covid-19-Virus anzukämpfen, das auch die lieben Christen dahinraffte. Wer hätte das gedacht? Da hol mich doch der Teufel. Die Kirche schafft es doch immer wieder ... witzig zu sein. Hahaha! Ja, es gibt eine heilige Corona. Das mag makaber klingen, ist aber wahr. Die heilige Corona ist (auch) die Patronin des Geldes, der Schatzsucher und … der Fleischer. Was, der Fleischer? Hier war doch was mit den Metzgern aus Großschlachtereien, bei denen das Coronavirus nur so umherschwirrte und die Menschen in Not und Elend brachte – vom Norden der Republik bis weit in den Süden hinein. Das gibt mir nun doch zu denken. Die heilige Corona der Rindviecher mit einem Killervirus in ihrem Gepäck? Auch eine Heilige zur Geldvermehrung der Großschlachter? Wer weiß, wer weiß. Diese Heilige wird ganz besonders in Seuchenzeiten angefleht, um zu helfen. Na toll, dann hat man ja die Richtige im Jahre 2020 aus der Versenkung hervorgeholt und zu einer der wichtigsten Gegnerinnen des Coronavirus gemacht. Äh, wie, was? Gegen sich selbst? Mit einem von ihr mitgebrachten Gegenmittel, welches sie gegen sich selbst besprüht oder durch die Venen pusht? Motto: „Wie bring ich mich um“ oder „wie kann man mich (fast) unbemerkt ins Jenseits befördern?“. Mal ehrlich, man hat bemerkt, dass diese Heilige in der Corona-Killervirus-Zeit nicht geholfen hat. Klar, warum sollte sie ein Anti-Corona-Mittel bringen, wenn sie sich damit selbst schaden würde? Schön blöd wäre sie da. Abgesehen davon ist sie eine Heilige und somit für die Christen unsterblich. Und dass sie mit einem Corona-Virenabtötungsmittel käme, nur um von denen, denen sie zu Hilfe eilt, dann unschädlich gemacht zu werden? Motto: Man kann das Anti-Corona-Mittel gleich an ihr testen. Wenn sie daran verreckt, dann hilft‘s. Danach kann man das Mittel in jeden einspritzen, um ihn vor dem (heiligen) Coronavirustod zu schützen. Dumm wäre das nicht nur für die Heilige gelaufen, da man sie ratzfatz dann für immer in der Versenkung verschwinden lassen hätte – auf irgendeinem kirchlichen Friedhof. Und im Körper steckt eine riesige gefüllte Injektionsnadel, die automatisch alle paar Tage ein paar Tropfen des Anticoronamittels in den Körper spritzt, damit dieses heilige Coronawesen nie wieder auf Gottes Erde Schaden anrichten kann.

Betet eigentlich noch jemand zur Heiligen Corona (die Gekrönte)? Vermutlich nicht. Warum auch, sie ist tot, und bekanntlich können Tote nicht helfen – und wenn man es sich noch so sehr von Heiligen wünscht. Vermutlich wussten die Gottesanbeter, dass sie keine Hilfe ist. Verständlich, sie ist ja nur eine drittklassige Heilige, ohne wirklichen Rang und Namen. Wie wäre es mit der himmlischen, mütterlichen Wunderwaffe? Die ist universell einsetzbar. Sicher auch gegen das Coronavirus – und lästige Nebenbuhlerinnen.

Jetzt noch mal zur Erinnerung: Der 14. Mai ist der Festtag der hl. Corona, und die Kirche glaubte, dass genau an diesem Tag der Sieg über das Covid-19-Virus mit Gebeten, Singsang sowie Segnungen aus dem Vatikan und allen Kirchenhäusern errungen wird. Info: Es gibt eine Wallfahrtskirche St. Corona bei Staudach, aber nicht erst, nachdem die Coronakrise beendet war. Man hörte und staunte, als man erfuhr, dass geplant war, den Corona-Schrein aus der Domschatzkammer hervorzuholen und diesen herauszuputzen. So kommt eine vergessene Heilige in das Schaufenster der Kirche – und ihr Corona-Schein ist vorübergehend heller als der der Sonne. Und dennoch leben die im Schatten, die an diese Heil bringende Heilige glauben. Und der nächste Heilige, den man aus der Versenkung schaufelt, heißt dann: „der hl. Virius“.

Aufruf zum Rechtsbruch

Ein Pastor vom „Bund freikirchlicher Pfingstgemeinden“ rief in einem Video offen zum Rechtsbruch geltender Gesetze auf. Dabei ging es um die Ausgangsbeschränkungen zur Eindämmung der Verbreitung des Coronavirus, die in Kraft gesetzt wurden, um die Bevölkerung vor dem Covid-19-Virus zu schützen, wobei die, die bei Zuwiderhandlung erwischt wurden, mit Geld- und Gefängnisstrafen bestraft worden sind. Diese Maßnahmen seien „Wahnsinn“ und dienten nur als Test zur Manipulation der Massen, in der, wie er sagt, anherrschenden Endzeit. Der Gipfel seiner Predigt war, dass er die Gesetze zur Pandemie-Bekämpfung mit der Verpflichtung des Hitlergrußes verglich – und diesen auch offen signalisierte. Von dieser äußert hanebüchenen Aktion zeigte er, wie Glaubensvernarrte mit der Maßnahme des Staates zum Schutz der Bürger leichtfertig und extrem dumm dreist umzugehen haben. Von dieser hirnrissigen „Predigt“ gibt es auch ein Video. Dieser „Weckruf“ (Hitlergruß), so sagte er, brannte in meinem Herzen und musste einfach raus, und der Heilige Geist habe ihn dazu gedrängt. Ups, klar war das der Heilige Geist. Auf den kann man sich immer verlassen. Der drängt und brennt sich jedem rein. Besonders an seinem Geburtstag – immer an Pfingsten.

Religiöse Versammlungen waren aufgrund der Covid-19-Pandemie bislang verboten. Den vielen Religionsgemeinschaften hat das aber ganz und gar nicht gefallen. Sie haben nun mit Erfolg ein Ende dieses Verbots durchgesetzt. Ihre Mitglieder durften sich wieder versammeln, ob in kleinen Kapellen oder riesigen Kathedralen, und ihre Gebete, ihre Gotteslieder trällern und ihre Rituale ausüben. Für mich ist das eine Machtdemonstration, die an Fahrlässigkeit kaum zu überbieten ist. Doch die Kirche macht sowieso, was sie will. Und wenn es nur über Prozesse geht, aber dafür haben sie viel Geld, um ihr göttliches Recht zu bekommen. Und das schon kommende Woche. Und wenn es nur über Prozesse geht, und dafür haben sie viel Geld, um ihr göttliches Recht zu bekommen.

Ein geiler Kirchengeld-Vermehrungseffekt ergibt sich, wenn jeder Kirchenbesucher gleich noch an die armen Kirchendiener spendet. Die Opferstöcke stehen schon seit Wochen leer herum. Und die wollen und sollen gefälligst von den Zwangsweggebliebenen gefüllt werden, wenn sie das Haus Gottes besuchen. Egal, ob sie beten oder nur herumspazieren und sich die teuren Schätze ansehen, die es haufenweise gibt. Wie ich aus meiner eigenen kirchlichen Prägezeit weiß, o je, die liegt schon lange zurück, doch das Wissen von damals ist noch präsent, als ob ich noch aktiver Diener des Herrn wäre – mit oder ohne Zwang, um noch zu wissen, dass es in der Mehrzahl ältere Damen und Herren sind, die sich in die Kirchenhäuser schleppen und die Bänke besetzen. Manche von ihnen beten sogar. So eine Unterhaltung mit Gott mag für sie ja ganz schön sein, doch wie ich noch weiß, ist sie sehr einseitig. Das habe ich nach vielen unerhörten Gesprächen, die ich mit Gott führen wollten, bald herausgefunden. Über das, was die heutigen alten Kirchenbesucher beten, kann ich nur spekulieren. Um mehr Rente? Dass der/die Alte endlich einen Abflug für immer macht. Um neue Zähne, damit man wieder kraftvoll zubeißen kann? Um Viagra für einen monatlichen Schuss der irdischen Freude? Auch heute noch sind es ältere Personen, die die Kirchen betreten, und genau sie sind es, die bei einer Infektion mit dem Covid-19-Virus mit schweren und sogar mit tödlichen Verläufen zu rechnen haben. Haben sie Gott gebeten, dass dieser kleine Missetäter sie nicht heimsuchen möge? Was in ihren Häusern gebetet und gebettelt wird, das interessiert die Kirchenvertreter nur sehr marginal. Die Vertreter Gottes möchten nicht vor leeren Bänken ihr Schauspiel abhalten und am Ende noch „Geldspenden" einsammeln. Sie freuen sich, wenn man ihnen Busladungen von alten Leuten bis vor die Kirche karrt. Den Rest müssen sie dann selbst gehen, fahren – mit Krücken und/oder dem Rollator. Das erinnert mich schon sehr an Kaffeefahrten – in das himmlische Paradies? Hier sind es bei der noch immer anhaltenden Corona-Pandemie aber eher Fahrten in die Hölle. Auch hier wird ihnen viel versprochen, doch bekommen sie nichts von dem, was man ihnen heils- und glückselig machend verspricht. Und bezahlt haben sie bereits in den weißen Bussen des Vatikans.

Die Menge der aktiven Gottesdienstteilnehmer, oder die der Besucher allgemein, soll nach den Vorgaben der beiden Großkirchen begrenzt werden. Immer der jeweiligen Kirchengröße entsprechend. Die Kommunionausteilung erfolgt durch Hinzutreten in angemessenem Abstand. Den Gläubigen wurde die geweihte Oblate mit einer Zange gereicht, Grifflänge 1,5 Meter. Und wer seinen Bleschel (Zunge) nicht weit genug herausstreckt, dem helfen dann die Kommunionshelfer und Kommunionshelferinnen. Die ziehen einem dann schon mit ihrer Zange die Zunge aus dem Hals, damit der liebe Herr Pfarrer sein „Fleischgebäck“ auf die fleischige und sündige Zunge legt. Es gab Zeiten, da wurde einem die Zunge mit einer geheiligten heißen Zange herausgerissen, aber nicht, um ihm oder ihr einen angeblich heiligen Fleischbatzen auf die Zunge zu legen. Mein Gott, wie sich die Zeiten ändern. Kaum gibt es ein mieses kleines Virus, schon bekommt man was zum Beißen auf die Zunge gelegt. Aber nur wenn man ein eifriger Kirchgänger ist. Immer in Verbindung damit, dass man auch gläubig ist.

Wen in der Kirche interessieren Bestimmungen wie Mund- und Nasenschutz in der Kirche? Und auch die Abstandsregel? Der Kirche ist zum Geld nur noch wichtig, wie machtvoll sie sich außerdem zeigen kann, was sie mal wieder, und leider, anschaulich geschafft hat. Wenn dabei die Alten durch ein Coronavirus verrecken, dann geht ihnen das vermutlich irgendwo dran vorbei.

Die Kirchen wollen immer die Fäden in der Hand halten, und das auch in der Coronazeit. Nur wer die Fäden, die Handlung in der Hand hält, der hat auch Macht. Am besten über den Staat und die Gläubigen, die sie nach Belieben tanzen lassen, wie es ihnen gefällt. Die Macht über das Coronavirus, die hatten sie aber nicht.

„Wir sind nicht allein“, sagte Kardinal Reinhard Marx am Sonntag, dem 26. April 2020, bei einem Gottesdienst für Kinder und ihre Familien im Münchner Dom, und das inmitten der Coronapandemie, die ihren Höchststand da bereits erreicht hatte. Während der Messe wandte er sich besonders an die Kinder, die in diesen Tagen Erstkommunion gefeiert hätten. Wie bitte, was hat er getan? Eine Messe mit Kindern gefeiert, und das in der Coronakrise? Glaubt er denn, dass die Kinder wirklich gegen das Coronavirus gefeit sind? Dann hat er sich aber getäuscht. Auch Kinder können an Corona sterben, wie herausgefunden wurde. Und was macht er, er feiert mit ihnen einen Gottesdienst – mit den dazugehörenden Eltern, die selbst sehr grob fahrlässig mit ihrem eigenen Fleisch und Blut umgingen. Und die Kinder, die kleinen, hatten von der riesigen, tödlichen Gefahr, in die ihre Erziehungsberechtigten sie schleppten, keine Ahnung. Die doofen Eltern legten die Verantwortung in die Obhut der Kirche und das Vertrauen zu Gott, dass dieser ihre Kinder vor Ungemach schützt. Vermutlich schleppten sie auch noch Oma und Opa und die Großtanten und Großonkel, die besonders stark gefährdet sind, vom C-Virus dahingerafft zu werden, mit in die Kirche. Klar doch, die Gläubigen sind alle von Gott gesegnet und damit virenfrei. Da sieht man es wieder, die Kirche geht schon extrem fahrlässig mit den Menschen um und nun auch noch mit den Kindern. Warum schreitet der Staat nicht ein? Der hat die Hosen gestrichen voll, wenn die Kirche zu brüllen anfängt und mit Exkommunikation droht. Und so bleiben dann auch die Kinder, wenn Gott ihnen keine schützende Aufmerksamkeit zukommen lässt, auf der Strecke – auf dem Weg in den ...

Tapfer, leichtsinnig ... dumm?

Bei all der (angeblichen) Fürsorge der Priester zu den Menschen muss die Frage gestellt werden, ob es unter den (Gut)gläubigen auch Tapfere, Leichtsinnige und/oder Dumme gibt. Tapfer, weil sie sich dem Coronavirus aussetzten, obwohl sie wussten, dass er tödlich sein kann? Oder doch nur leichtsinnig (unvorsichtig Risiken eingehend, nicht an Gefahren und Verantwortung denkend)? Oder doch dumm (nicht klug; von schwacher, nicht zureichender Intelligenz)? Ich weiß es nicht, doch haben sich angeblich kluge Menschen mit der Hoffnung, Gott oder die hl. Corona beschütze sie, wenn sie sich zu den Corona-Kranken begeben, um ihnen Trost zu schenken, mit dem Covid-19-Virus angesteckt. Was dieser kleine Killer mit ihnen gemacht hat, weiß ich nicht. Ich hoffe aber, dass sie erkannten, dass Stoßgebete ihnen keinen Schutz vor Corona bescherten.

In der Coronapandemie hat man drei Typen von Spiritualität ausgemacht, – so habe ich es gelesen.
https://www.br.de/nachrichten/kultur/die-kirchen-und-die-corona-pandemie-lehrt-not-beten,SXUNBiV

Typ 1: Die „Trotzdem-Spiritualität“ von religiös geübten Menschen, die sich neue religiöse Praktiken suchen mussten. „Diese Trotzdem-Spiritualität hat zu kreativen Angeboten, gerade im Umfeld der Kirchen geführt.“ Was sind religiös geübte Menschen? Die Gottesanbeter im Talar und die Bigotten? Klar, wer denn sonst.

Typ 2: Die „Experimentierspiritualität“, oft von Leuten, die nicht religiös geübt sind. Sie nutzten den pandemiebedingten Zeitgewinn um etwas Meditatives oder Religiöses auszuprobieren. Das sind die Menschen, die von den (Laien)Priestern immer und immer wieder bequatscht werden, wie toll das Christentum ist. Voller Liebe und … „Aua, das tut weh. Was ist das denn für eine Religion, wo man zu seinem Glück Schmerzen aushalten muss?“ Doch sind sie sich auch nicht sicher, ob doch das Gute nur in einer religiösen Kirchengemeinschaft die Erfüllung des ersehnen Glückes ist. Na ja, hier kann ich nur sagen: Ausprobieren und dann … mach schnell einen gesunderhaltenden Abgang. Die kirchliche Spiritualität ist nicht gesund … für Körper und Geist.

Und Typ 3: Die „Hiob-Spiritualität“ von Menschen, die sich intensiv mit dem Glauben und der Frage auseinandersetzten, was uns Gott mit der Pandemie sagen will. „Das ist sicher eine ganz hohe Form von Spiritualität, dass man zwar das Leid nicht gemindert und keine Antwort auf die Fragen bekommt, aber in dem Fragen dann doch eine Stimme aus der Transzendenz hört“. Ja, das sind die ganz besonderen, die komplett umnachteten einer nicht froh machenden Kirche.

Keine Kirchenbesuche – keine Geistermessen

Das Verbot von Gottesdiensten und kirchlichen Veranstaltungen betraf alle Kirchen. Niemand durfte in die Kirchen rein. Und was tat man, um doch zu beten und zu singen? Man organisierte ein Balkonsingen der Gläubigen. „Hoch vom Himmel komm ich (Coronavirus) her, ups, die Kirchen sind ja leer." Ganz nach italienischem Vorbild, wo man auf den Balkonen sang. Warum das denn? Weil, so eine Aussage mehrerer Priester, sie keine Scharen von Kirchenbesuchern in ihre Gotteshäuser lassen durften und Geistermessen für sie nicht infrage kämen. Wie, was – keine Geistermessen? Jedes Mal, wenn Gläubige, egal, welcher Religion, an einer heiligen Messe teilnehmen, beten sie, zusammen mit dem Priester, Geister an. O.K., Unsichtbare. Sie wollten keine (geisterlosen) Messen in leeren Kirchen zelebrieren – auch nicht vor einer Kamera, die sie und ihre Mitarbeiter in aller Welt zeigen würden. Na ja, bescheiden waren sie, was andere in einer anderen kirchlichen Fakultät nicht waren. Diese zeigten sich gerne ihren „Zuschauern" an den Fernsehern in ihrem vollen Prachtornat und spendeten den „Gottesdienstbesuchern", ob jung, ob alt, ob gesund oder krank, ihren heil machenden Segen Gottes. Und, hat es was gebracht? Und jetzt kommt's. Gemeinsam mit staatlichen Stellen, so die Kirche, müsste man dringend klären, wie die kirchliche Zuwendung zu Bedürftigen, Kranken und Sterbenden weiter zu gewährleisten sei. Ja, da braucht man den Staat zu, besonders dessen Geld. Und woher kommt das Geld? Von allen steuerzahlenden Bürgern, und nicht nur von denen, die Kirchensteuer zahlen.

Für Ostern war auch ein „Auferstehungsflashmob“ mit Trompeten und Posaunen von den Balkonen oder Fenstern geplant. Alle Bläser und Sänger (auch Nichtchristen?) waren dazu eingeladen, das Osterlied „Christ ist erstanden“ erklingen zu lassen.

Was bedeutet eigentlich Flashmob? Hierzu eine Erklärung. Bei einem Flashmob verabredet sich eine Gruppe von wildfremden Menschen, die gemeinsam auftreten und irgendetwas (Un)sinniges machen. Wichtig dabei ist, dass sich diese Gemeinschaft nur ganz kurz für eine bestimmte Aktion trifft und dann wieder jeder seinen eigenen Weg geht. Die Aktion geschieht blitzartig – so, als wäre gar nichts gewesen. Geht und gilt das auch für die Kirche(n)? Nein, ganz sicher nicht. Falsch, es gibt solche Aktionen auch bei der Kirche. Und wo? Bei der lebensbeendenden Segnung des oder der Verstorbenen. Kaum ausgesegnet und schon ist der Herr Pfarrer wieder weg. Und die Anwesenden, nicht die tote Person, der Flashmob (die Meute nach dem Erbe), ist dann auch gleich danach blitzschnell verschwunden.
Flashmobs haben und sollen keinen tieferen Sinn haben. Traf das auch bei den kirchlichen Flashmob-Aktionen zu? Nein, wie kann ich diesen hochheiligen Aktionen nur so etwas fragend unterstellen? Ich würde mich ja des Teufels schämen, so einen Gedanken überhaupt zu haben.

Gesegnete Sets zur Heiligen Messe

Im Rahmen der Coronapandemie hatte der deutsche Zweig des Jesuitenordens mittels einer Aktion vor Palmsonntag ein geweihtes Päckchen mit einer geweihten Hostie, einem Palmzweig, sowie Weihwasser und ein dazugehörendes Gebet an die Gläubigen verteilt. Das hatte Verwirrung bei den Katholiken allgemein hervorgerufen. Ganz ehrlich, nicht nur bei den Katholiken. Man verwies darauf, dass alle Gegenstände mit den höchsten hygienischen Sicherheitsmaßnahmen verpackt worden waren. Na klar, so wurde das Weihwasser mit abgestandenem Weihwasser gesegnet und die Hostie in „neu“ gesegnetes Weihwasser eingelegt, damit sie nicht vertrocknet. Und in eine mit Weihwasser gefüllte Vase steckte man den Palmzweig. Zwei Tage später war vermutlich der Zweig abgestorben. Und wenn das nicht reichen würde, kündigte der Gottesmann für das Jahr 2020 an Gründonnerstag, Karfreitag und Ostern gesegnete und geweihte „Gottesdienst-Sets“ zum Mitnehmen an. Und sie kamen in Scharen und holten sich zu diesen Sets gleich auch noch eine Portion des sterbenskrankmachenden Virus beim lieben Pater ab!? Und wenn es nicht das Virus war, dann war es vermutlich das komplett mit krankmachenden Keimen verseuchte Weihwasser, das viel Unwohlsein und Stuhlgänge bei viel Glück verursachte. Zusatzinfo: Weihwasser ist nicht gleich Weihwasser. Wer im Glauben den Teufel überleben will, der braucht dazu das besondere, das priesterlich gesegnete Weihwasser. Das mit dem Exorzismussprüchlein des Herrn Pfarrer. „Ich segne dich und beschwöre dich, Wasser, durch den lebendigen Gott, durch den wahren Gott, durch den heiligen Gott, durch den allmächtigen Gott.“ Und schon ist man vor Ungemach, wie auch dem teuflischen Coronavirus, geschützt. Tatsächlich? Ach, wie putzig ist das denn. Ja, man muss nur glauben und sich in bakteriell verunreinigtem Weihwasser baden oder dieses sich in die Blutbahn spritzen lassen. Dann braucht es kein ärztliches Heilmittel mehr, um unbesorgt mit dem Covidvirus durch die Welt zu schlendern, denn durch das beschworene Gotteswasser fließt, oh Wunder, oh Wunder, Gottesblut in den eigenen Blutbahnen.

Sündenvergebung

Gläubigen, die an Corona erkrankt sind, soll verziehen werden, hieß es in der Coronazeit. Doch ganz so einfach ging es dann nicht. Die Sünden werden ihnen verziehen, hieß es. Doch ehe es dazu kam, gab es davor aber noch ein paar (seltsame) Bedingungen, die zu erfüllen waren. Eine der Bedingungen war (weiterhin), an Gottesdiensten teilzunehmen. Online reichte völlig aus, so die Aussage aus dem Vatikan. Nach einem vatikanischen veröffentlichten Erlass mussten die Betroffenen unter anderem auch an digitalen Andachten teilnehmen. Und warum diese Andacht? Um ihren „Geist völlig von der Sünde freigemacht“ zu haben. Auch das Lesen in der Bibel konnte Sünden streichen, wenn der oder die „mindestens eine halbe Stunde“ darin gelesen hat. Hier war es egal, es wurde auch nicht verlangt, dass die Leser verstanden, was sie lasen. Hauptsache, sie hatten darin „gelesen“, wenn es auch nur ein Herumblättern ohne Sinn und Zweck war. Was bei den meisten vermutlich der Fall war.

Absolution erhielten laut dem vatikanischen Erlass auch alle Katholiken (Unchristliche vermutlich nicht mit in die christliche Schar der Auserwählten eingebunden, wenn auch sie sich bis in den Covid-19-Tod abschufteten), die sich unter der Gefahr einer eigenen Ansteckung um Coronapatienten kümmerten. Sündenbefreiung gab es auch für die, die ausgiebig für Erkrankte und für das Ende der Pandemie beteten. Wenn Sterbende es wünschten, wurden auch sie von ihren Sünden freigesprochen, jedoch nur, wenn sie „im Laufe ihres Lebens regelmäßig einige Gebete gesprochen haben". A do schau her, und wie hat die Kirche, bzw. der Vatikan das überprüft, dass es nicht doch „Schwarze Schafe" gab, die sich von ihren Sünden freisprechen lassen haben. Da ja bekanntlich Gott alles weiß, übernimmt er beim „Jüngsten Gericht" dann die Selektion in „doch (noch) Sünder" und „sündenfreie Himmelsanwärter" – die bestanden haben – von vatikanischen Gnaden und im Auftrag Gottes. Sie durften dann, wenn sie verstorben sind, (sofort) eintreten in das Himmelreich Gottes – ohne einen Killervirus im Körper.

In einer weiteren Erklärung des Vatikans hieß es, dass man in den am schwersten von der Covid-19-Pandemie betroffenen Gebieten die Absolution auch ohne vorherige individuelle Beichte eine Sündenfreisprechung erteilen wird. Der Heilige Stuhl schlug vor, dass man vor den Eingängen von Krankenstationen, in denen kranke und todkranke Patienten, oder die vom Tode (Sensenmann Gottes) bedroht wurden, dann die Sünden per Lautsprecher erlassen werde. Und wer zahlt die Kirchenzeche? Die guten Taten, die man den Sterbenden angedeihen ließ? In und von der Kirche bekommt man nie etwas umsonst. Der Tod ist keine beliebte Zahlung, die die Kirche akzeptiert. Falsch, auch der Tod macht die Kirche reicher.

Letzte Ölung, das war mal

https://www.n-tv.de/panorama/Kuenftig-keine-letzte-Olung-bei-Sterbehilfe-article22053623.html
Die katholische Kirche untermauert ihre Abneigung gegen die Sterbehilfe. Priester sollen in solchen Fällen zukünftig die Sterbesakramente nicht erteilen. So klar sagt es der Vatikan. Der Vatikan hat seine Ablehnung von Sterbehilfe und Beihilfe zum Suizid bekräftigt und will Betroffenen künftig die Sterbesakramente verweigern. Dies geht aus einem veröffentlichten Brief der Glaubenskongregation zu Maßnahmen zum Ende des Lebens hervor, den Papst Franziskus abgesegnet hat.
In diesem Schreiben heißt es, Patienten, die durch Sterbehilfe oder assistierten Suizid sterben wollten, sollten zukünftig nicht mehr die Sakramente Sterbekommunion, Salbung und Beichte gewährt werden. Jeder, der sich „für diesen schweren unmoralischen Akt“ entschieden habe und an der Entscheidung festhalte, könne die Sakramente nicht erhalten, heißt es in den Richtlinien der katholischen Kirche. Ausnahmen könne es geben, wenn ein Priester überzeugt sei, dass die sterbende Person ihre Meinung geändert habe. Auch wenn der Patient bewusstlos sei und man Reue annehmen könne, dürfe er die Sakramente erhalten. Der Vatikan interpretiert den Wunsch von Schwerkranken nach dem Tod nicht als Bitte um Sterbehilfe, sondern als „schmerzgeplagten Ruf nach Liebe und Hilfe“.

Und erst wenn der Todkranke, der um Erlösung seiner Schmerzen bittet, einen „Berechtigungsschein“ für den (angeblichen) Himmel, eine Überlassungserklärung seines gesamten Hab und Gutes an die heilige römische Kirche unterschrieben hat, dann darf er in den Himmel. Glaubt denn die Kirche, dass jeder dorthin verschoben werden möchte, wenn er dieses oft menschenverachtende Kirchengebilde von seiner teuflischen Art bestens kennt? Nur den Lebenden können deren Vermögen am Sterbebett noch abgeschwatzt werden. Motto: „Du kommst nur mit einem Berechtigungsschein am Pförtner Petrus vorbei, um in das Himmelreich und die ewige Glückseligkeit zu gelangen. Dafür musst du nur diesen Wisch unterschreiben. Also, kimm, mach dei Unterschrift aufs Papier, dann derfsd boid einedret'n und schaug'n de Herrlichkeid Godes."

Wurden mit Corona verseuchte Menschen, die selbst mit viel Hilfe der Ärzte und Pfleger nicht mehr zu retten waren, auf schmierige Art „kirchlich-katholische Berechtigungsscheine für den Himmel" unter die Nase gehalten? Das zu denken, ist nicht abwegig.

Die Bibel, Retter des (ewigen) Lebens – a do schau her

Die Bibel ist Krisen- und Hoffnungsliteratur gleichzeitig, „weil eigentlich alle Texte Erfahrungen von Krisen, von traumatischen Situationen beschreiben, aber immer im Rückblick deuten. Und dadurch wird es am Ende gut.“
https://www.br.de/nachrichten/kultur/die-kirchen-und-die-corona-pandemie-lehrt-not-beten,SXUNBiV

Achtung: Man beachte das Wort „eigentlich“. Was impliziert uns dieses Wörtchen? Dass gar nichts an den Texten von denen, der/die Aussagende spricht, auch wirklich stimmt. Was stimmt, sind die traumatischen, brutalen Erzählungen, die man in der Bibel, besonders im AT, haufenweise lesen kann und die für die Kirche unumstößliche Fakten sind. Für mich auch.

Ich habe Bibeln erlebt, die öfter Mal schmerzhaft auf mein Haupt und/oder mein Kreuz geschlagen bzw. geworfen wurden. Im Rückblick kann ich sagen, es tat mir gut. Haha, das war jetzt ein Witz. Ganz sicher fand ich das Einprügeln des katholischen Glaubens nicht erquickend. Es hat mich dazu gebracht, um diesen Wurfgeschossen für immer zu entgehen, dass ich die Kirche für immer verlassen habe – und dass die Kirchensteuer bei mir bleibt. Und sei es, dass ich dafür nur ungeweihte Oblaten esse – bis mir schlecht wird.

Wie handhabt man heute die Bibel in den Hospizen, Krankenhäusern und Altenheimen, wenn der Herr Pfarrer kommt, um den die Sterbenden auch durch Corona in den

Tod zu begleiten, aber der Typ oder die Frau ums Verrecken nichts mit dem Gesäusel des Predigers zu tun haben will? Setzt man dann die „dicke Bibel“ (Hardcover Bindung) ein, um zu überzeugen, was der Herr Pfarrer für richtig empfindet?

„Der Auftrag der Kirche besteht darin, die befreiende Botschaft vom nahen Gottesreich zu verkünden. Auch mal mit der Bibel. Dieses Evangelium muss erfahren werden, damit es geglaubt werden kann. Menschen müssen erleben können, was es heißt, mit der unbegrenzten schöpferischen Lebensmacht Gottes in Kontakt zu kommen.“

„Umso wichtiger ist es, dass Glaubensräume unter Corona-Bedingungen nicht gerade denen verschlossen bleiben, die am meisten auf den Zuspruch des Evangeliums angewiesen sind: ökonomisch schwache, gesundheitlich angegriffene, einsame und alte Menschen, die besonders gefährdet sind. Sie haben Anspruch auf die besondere Aufmerksamkeit der Kirche, die sich für die Menschen in bedrängten Lebenslagen öffnet.“
Ja, und dann kommt ein in schwarz gekleideter Mann mit einem Aktenkoffer voller, nur noch zu unterschreibender Vollmachtsübertragungserklärungen an das Bett des Sterbenden heran, um dessen gesamtes Hab und Gut zu erben – für die liebe und geheiligte katholische Kirche. Aber um in das Himmelreich zu kommen, muss man davor noch beichten, sonst wird daraus nichts. Hahaha – man muss schon einen Torfklumpen im Kopf haben, um das zu glauben.

„Beichten“ in Corona-Zeiten – eine App macht es möglich

Die Coronapandemie machte es nach Vergebung suchenden Katholiken nicht leicht. Sie konnten nicht in die Kirche und in den Beichtstuhl, um ihre (vielen) Vergehen dem Herrn Pfarrer unter die Nase zu reiben und dann zu hoffen, dass er ihnen ihre Sünden vergibt. Welche Alternative gab es für die Sünder? Und siehe da, es kam wie von Gotteshand eine Sündenvergebungs-App auf den Markt. Eine Vergib-mir-meine-Sünden-App für reuige Kirchenmitglieder. Diese Smartphone-App mit dem Namen „Confessara“ sollte Abhilfe schaffen und Beichtwillige mit gebirgshohen Sündenbergen beim Loswerden der Sünden unterstützen. Das Besondere an dieser App ist, dass man von überall seine Sünden beichten kann, um zu einer Loslösung von seinen Untaten zu kommen, und dann, wenn ihr Herr sie abberuft, auch in den Himmel kommen zu können. Mit wenigen Kniebeugen und ein paar geheuchelten Gebeten wurde man seine Sünden wieder los. Man musste diese (lässlichen) Vergehen aber in das Handy säuseln, heucheln und Reue bekunden, damit auch von Reumütigen das Gesagte direkt in den Himmel und ohne Umweg Richtung Vatikan flutscht. Mit dieser App trickste man den Vatikan aus. Im Himmel wird dann alles für den „Jüngsten Tag“ gespeichert – für den Fall aller Fälle. Kann ja sein, dass es doch zu einer Höllenfahrt des Beichtlings kommt, wenn er stets nach jeder vergebenen Sünde gleich wieder neue begeht. Irgendwann reicht es auch dem gutmütigsten Gott.

Das Ganze funktionierte so: Wenn sie die nicht kostenfreie App installiert hatten, konnten Katholiken eine Sünde in ihr Smartphone reinsprechen und erhielten darauf von einer KI eine individuelle Antwort mit Empfehlungen und Bibelsprüchen aus der katholischen Bibel. Na super, weil das frei von Sünden macht. Die App orientiere sich an Fällen aus tatsächlichen Beichtgesprächen. Wo bleibt da das Beichtgeheimnis, wenn auch keine Namen genannt werden? Die KI befindet sich in der Lernphase und ist deswegen nicht ohne Fehler. Ganz wie ihre Sünder, die guten sündenfreien Christen. Warum gehen sie dann zur Beichte? Oder quatschen ihre „Sünden" in ein Handy? Um überhaupt jemanden zum Ratschen zu haben oder ihren Quatsch loszuwerden?
Gerade die ältere Generation konnte aus Sicherheits- und Gesundheitsgründen in der Zeit der Coronapandemie das Haus nicht verlassen. Und da glaubt man, dass diese alten Leute mit diesem elektrischen ferngesteuerten Sündenvergeber umgehen können? Hallo, die haben in der Mehrzahl nur einen Ein- und Ausknopf an ihren Radio- und Fernsehgeräten. Da kann man ihnen in den meisten Fällen nicht mit einem Smartphone kommen, noch dazu mit einer Sünden-App, die sie eh nie aufspielen und speichern können. Und den, der die Sünden vergibt, den verstehen sie auch nicht. Motto: „Hä, was hat der gesagt? Hallo, Hallo, was haben Sie gesagt? Ich versteh Sie nicht. Können Sie etwas lauter sprechen?"

Das Verlangen nach Nähe zu Gott sei bei ihnen besonders groß, umso fataler sei es, „dass aufgrund von Kontaktbeschränkung die Ausübung des eigenen Glaubens nicht möglich ist". Wie bitte, wer behauptet das?

Doch ist eine gültige Beichte über eine Smartphone-App in dieser Form überhaupt möglich? Die Beichte ist mittlerweile auch als „Fernsakrament" möglich und braucht nicht die unmittelbare körperliche Präsenz, so ein Theologe. Es sei denkbar, sie in anderen Formen, etwa per Videokonferenz online oder telefonisch, durchzuführen. Klar, Klassentreffen der Sünder. Motto: „Wer ist der größte Sünder mit den schwersten Sünden?" Ob die Vollmacht zur Lossprechung telefonisch wirken kann, halte ich für sehr fraglich – aus meiner Sicht gesehen.
Sünden vergeben kann, wie ich weiß, nur ein Priester und keine künstliche Intelligenz. Die App ersetzt keine Beichte im Beichtstuhl beim Beichtvater. Ok, es muss kein Beichtstuhl sein. Ein Gespräch unter vier Augen ist da ausreichend. Es werden in der App auch katholische Kirchen in der Umgebung angezeigt, wo ein Priester erreichbar ist … wenn er nicht gerade bei einer Beerdigung oder einem Festmahl bei einer Einweihungsfeier ist.

Doch nun aufgemerkt: Wer sich angesichts der Coronapandemie die Beichte per Smartphone abnehmen lässt, für den hatte der Vatikan schlechte Nachrichten. Kurienkardinal Mauro Piacenza sagte, dass eine unter solchen Umständen erteilte Absolution „wahrscheinlich ungültig" sei. Ja, was nun? Ungültig oder doch gültig? Weiter sagt er: Bei einer Beichte via Smartphone fehle die „wirkliche Präsenz des Büßers". Eine echte Absolution (es gibt also auch unechte Sündenfreisprechungen?) könne nicht durch „elektrische

Schwingungen“ übermittelt werden. Also doch keine Loslösung der Sünden des katholischen Glaubens. Nun ja, dann kann man es mit einer großzügigen Spende versuchen, sich sündenfrei zu kaufen. Hat früher auch geholfen.

Der Kardinal sagte weiter, dass in besonders schwerwiegenden Fällen, etwa, wenn Corona-Patienten in Lebensgefahr schwebten, eine „kollektive Lossprechung am Eingang von Krankenstationen“ möglich ist. Dabei dürften „Mittel zur Verstärkung der Stimme eingesetzt werden, damit die Lossprechung gehört wird“.

Österliche Coronafeiern 2020

Ostern, ohne dass öffentliche Gottesdienste stattfinden dürfen – das hat es so wohl noch nie gegeben. Zu Coronazeiten ist vieles anders: Grundrechte werden eingeschränkt, um Ansteckungen zu vermindern und so die Ausbreitung des Virus zu verlangsamen. Auch die Ausübung der Religionsfreiheit ist betroffen, denn das bundesweite Versammlungsverbot gilt ebenso für Gottesdienste. Das möchten nicht alle klaglos hinnehmen: Eine Berliner Kirchengemeinde und ein Münchner Anwalt leiteten dagegen nun rechtliche Schritte ein. Ein fürstlicher Bischof sagte sogar, so habe ich es im Internet gelesen, dass die Gefahr einer Entwöhnung von der Feier der Eucharistie und des Glaubens bestehe.
Das Osterfest nahe, und es sei das heiligste Fest der Christen – Jahr für Jahr. Das wollten sie gerne mit der Familie feiern, doch im Jahr 2020 war das nicht erlaubt. Da mussten sich sogar die Kirchen dem Gebot und Verboten des Staates und der Vernunft beugen – wenn auch nur widerwillig. Hätten sie und die ihre Schäfchen das nicht getan, wären viele Hunderte, sogar Tausende von ihnen vermutlich bald danach gestorben.

Der Legende nach soll der „Gottessohn" mit dem Namen Jesus Christus unter grausamer Folter an einem Freitag an ein Kreuz genagelt und darauf gestorben sein – für die ganze Menschheit. Nicht nur für die Juden, aus dessen Volk er stammt. Drei Tage später, an einem sonnigen Morgen, soll er auf wundersame Weise wieder von den Toten auferstanden sein. Woher weiß ich, dass es ein sonniger

Tag war? Nun, nie wurde mir von einem Regentag seiner Auferstehung erzählt, und so gehe ich davon aus, dass es ein sonniger Sonntag war. Ok, vielleicht war es morgens noch kühl, doch zumindest sonnig. Passt ja zu einem Auferstehungstag des Gottessohnes. Und diesen besonderen Tag, den Tag des Osterfestes, wollten tiefgläubige Christen unbedingt feiern, auch in einer Zeit, in der man durch ein kleines, aber todbringendes Virus ins Jenseits befördert werden konnte, wenn es einen „endgültig" erwischte. Es war bekannt, dass nicht jeder, der das Coronavirus in sich hat, dieses auch überlebte. Das Virus, das 2020 auf der ganzen Welt wütete, raffte Abertausende von Menschen in allen Ländern dahin. Dabei erwischte es in der Mehrzahl Alte oder die, die schon durch eine andere Krankheit geschwächt waren.
Die Christgläubigen und die Heilsverkünder wollten sich aber nicht damit abfinden, dass man ihnen die Freude der Auferstehung Jesus Christus an Ostern am Sonntag nahm. Auch die Folterung ihres angebeteten Gottessohnes am Freitag davor? Der katholische „Freundeskreis St. Philipp Neri" reichte einen Eilantrag beim Berliner Verwaltungsgericht ein, um eine Sondergenehmigung zu erwirken, dass man seine Schäfchen zum Opferaltar bringen durfte. Nun, wenn sie das durchgeboxt hätten, dann wären tatsächlich viele ihrer Anhänger am Opferaltar verreckt. Wollten sie sich mit dem Coronavirus anstecken, um sich selbst zu opfern, um Gott und seinem Sohn bald näher zu sein? Bei den Katholiken ist nichts unmöglich.

Eines ihrer Argumente lautete, dass man in der Kirche Gottes sicherer sei als in jedem Supermarkt. Nun, im Supermarkt legt man den Gläubigen kein Wechselgeld auf die ausgestreckte Zunge. Ein ähnlicher Eilantrag ging am bayerischen Verwaltungsgerichtshof ein. Als wenn mich das wundern sollte.

Corona im Mai 2020

Im Mai 2020 rief Papst Franziskus die Katholiken zum Rosenkranzbeten gegen die Coronapandemie auf. Na klar doch, der Mai ist der Monat der Heiligen Maria, die Wundersame, die Wunderbringende, die Wunderwaffe … gegen Corona. Man muss sie nur bitten, am besten in den Maiandachten, und schon kommt sie herab und vernichtet das „Killer-Virus“, genannt Covid-19. Schlecht nur – die Kirchen durften nicht oder lediglich sehr spärlich besucht werden. Nun, wenn ich mich an meine Maiandachtszeiten, die leidigen, erinnere, kann ich mich entsinnen, dass es nur sehr wenige Kirchenbesucher waren, die zur Maiandacht gingen.

In den vielen Jahren wurden es immer weniger, die zur Maiandacht „pilgerten“ und beteten bis sie in Trance fielen, um dann die liebe Mutter Gottes zu erblicken. Was sie gesehen haben, weiß ich nicht, doch mich haben sie bald nicht mehr gesehen.

Bei mir war es ein Muss, denn wenn ich nicht gegangen wäre, hätte mich der Teufel geholt. Ok, ganz so schlimm war es dann doch nicht, aber ich wurde gezwungen, zur Maiandacht zu gehen und mit mir noch andere Kinder. Damit haben wir den Altersdurchschnitt erkennbar bei den Gläubigen gesenkt, denn in der Hauptsache waren es meist alte Weiber, die anwesend gewesen sind und vor sich hin nuschelten. Hätte wohl Latein sein sollen. Ich selbst konnte kein Latein und dadurch verstand ich auch nicht, was gebetet wurde. Und die Bitten an die Heilige Maria wurden nie erfüllt.

Und da in der Coronazeit keine oder nur in geringer Anzahl Gläubige das Gotteshaus besuchen durften, hätte man meinen Vorschlag, den Altar vor die Kirche zu stellen, annehmen können. Freilicht-Event (kirchliche Gesänge und laute Gebete) vor der Kirchenpforte oder gleich vor dem Friedhof. Und dafür ist es im Mai bereits warm genug. Wenn auch nicht immer trocken. Was soll es, die Gläubigen stehen bei der Kirche eh meist im Regen, da kommt es bei den Andachten, welche auch immer, nicht mehr darauf an, wenn man vom Regenguss erwischt wird. Und wer einen Schirm bei sich hat, der stellt sich darunter. Wenn es blitzt und donnert, dann sollte man den Schirm nicht öffnen, denn der hat keinen Blitzableiter. Er funktioniert sogar wie ein Blitzableiter, den man wie einen heißen Gottesgruß zu spüren bekommt, wenn man Glück im Unglück hat. Außer man glaubt, dass der Blitz und der Donner Zeichen Gottes sind. Dann lasst den Regenschirm offen. Vielleicht fährt euch dann der Gottessegen durch Mark und Bein. Ein Spektakel wäre es auf jeden Fall.

Erfreulich war es, dass häusliche Mariengebete vom Papst erlaubt waren. Da geht niemand das unnötige Risiko ein, vom C-Virus angesteckt zu werden. Besonders lebensbejahend ist das für die alten und kranken Menschen gewesen. Ach, wie lieb ist dieser heilige Mann. Man möge ihn in seine Gebete einschließen. Und am Ende sagte Papst Franziskus: „Ich bete für euch und ihr betet bitte für mich." Damit auch jedes Gebet wirkt, legt man Geld(scheine) in die Kirchenschatullen.

Gewöhnungsbedürftiger Messeablauf

https://www.erzbistum-koeln.de/presse_und_medien/magazin/Gebetsimpulse-Was-kann-ich-in-der-Corona-Krise-beten/

Bei einem Gottesdienst, irgendwo in Deutschland, hätten 120 Gläubige teilnehmen können. Tatsächlich kamen nur 60 Gottesdienstbesucher. Hui, ob sich der Pfarrer darüber gefreut hat? Besser „6“ als gar keiner vor der „Null“. Was will ich damit jetzt zum Ausdruck bringen?
Na ja, auch in der Zeit von Corona laufen der Kirche die Besucher und Betenden davon. So erkenne ich es. Was bleibt, ist das Covid-19-Virus. Das Virus, das die Gläubigen fernhält von ... sich nichts Bewahrheitendem. Zumindest durften die wenigen Besucher der Messe ein kurzes Halleluja zu Gott rufen. Um die verwandelte Oblate, die nun heilige Hostie zu bekommen, traten die unbelehrbaren gottesempfangenden Messbesucher einzeln zum Pfarrer an den Altar vor. Der legte dann die Hostie mit lang ausgestrecktem Arm auf den Bleschl (Zunge) der Kirchenbesucher. Um die Hostie in Empfang zu nehmen, mussten sie einen markierten Laufweg beschreiten. Bodenmarkierungen wiesen ihnen den Weg zu ihrem Herrn.

Bei den erlaubten Messen in anderen Kirchen während der Coronazeit trugen nur vereinzelte der Gläubigen freiwillig einen Mund- und Nasenschutz. Da vertrauten sie wohl auf Gott, dass der sie vor Coronaviren und den oft schwer verlaufenden Krankheiten schützt. Und was ist mit den „kranken Worten“, die sie im Haus des Herren, ihres Gottes, ins

Hirn gebrannt bekommen? Das merken sie gar nicht mehr bei den jahrelangen Besuchen in den Versprecher- und Verbrecherhäusern. Und wenn mal jemand nachfragt, warum die Versprechen sich nie erfüllen, heißt es nur ganz salopp: „Was wollen Sie, Sie sind in einem Haus, wo sich ‚leider' oft versprochen wird" oder „Sie interpretieren die Versprechen falsch". Stellt sich dies der Fragende selbst, wie oft er bereits verarscht wurde, und das schon seit Eintritt in die Glaubensgemeinschaft? Auf welches Ergebnis wird er/sie dann kommen?

Und jetzt ein sehr aussagekräftiger Satz eines Kirchenmannes. „Viele haben als Corona-Engel gearbeitet und alte und gefährdete Menschen im Blick gehabt." Warum das? Mir kommt der Gedanke, dass man auf das Geld der Alten luchste und dafür Kundschafter Gottes losgesendet hatte, um abzuchecken, ob und was bei denen zu holen hätte sein können. Wäre nicht das erste Mal. Und so eine Gelegenheit, in der Alte in kurzer Zeit und in Massen starben, gibt es nicht regelmäßig.

Die Kirche gab auch Gebetsimpulse: Tipps und Vorschläge hierzu gab es viele für die Zeit der Coronapandemie. So viele, dass man hoffte, dass Bedürftige gar nicht an ihr Leid denken konnten, um dann die Kirchen um Hilfe zu bitten. Motto? „Wer viel betet, der ist ausreichend beschäftigt, um so das Betteln nach Geldspende bei der Kirche zu unterlassen."

Gottes gesandte Strafe?

„Gott hat diese Pandemie zugelassen und möchte uns damit auch etwas sagen“ Nein, das sage nicht ich, dies sagte jemand anderes. Ich habe diese Aussage im Internet gefunden. Es zeigt, dass man sich innerhalb der Kirche nicht einig ist, von woher das Coronavirus kam. Es gibt Kirchenleut‘, die sagen, dass das Virus aus den Tiefen der Hölle kam, gesendet vom Höllenfürsten der Finsternis. Der Weg zu der anderen, der angeblich himmlischen Fakultät ist nicht weit zu gehen. Die befindet sich fast schon nebenan. So ist zu erkennen, dass vieles vom „Bösen“ abfärbt beim … „Guten“? Hat Gott zu Luzi gesagt: „Hey Luzifer, schick du mal das Coronavirus auf die Erde. Ich habe jetzt keine Zeit dazu – muss mich um andere Dinge kümmern. Nachschub für deinen Heizkessel, bei dir in der ewigen Verdammnis.“ Antwort: „Geht klar, mach ich doch gerne. Gott sei Dank habe ich wieder mal was Außergewöhnliches auf der Erde zu verrichten – als Abgesandter Gottes.“
Und so sind sich die Herren der Kirche nicht einig, von wem nun das sehr oft tödliche Virus kam. Gott oder Teufel. Teufel noch mal, man weiß es nicht.
Weiter war zu lesen: „Vielleicht müssten nur wieder schlechte Zeiten kommen, dann würden die Menschen auch wieder mehr beten. Wir sehen auch, wie wenig wir die Dinge in unseren eigenen Händen halten und dass man sich auf das deutsche Gesundheitssystem letztendlich nicht verlassen kann.“ Aha, schlechte Zeiten, Gebetszeiten … und die Kirchen und die Kirchenkassen füllen sich wieder.

Corona hat die Kirchen in Verlegenheit gebracht. Denn wie passt es zur Dogmatik eines Menschen liebenden Gottes, wenn Menschen – und vor allem alte und hilflose Menschen – durch ein Virus qualvoll ersticken, ihnen buchstäblich die Luft im Halse stecken bleibt. Warum half Gott nicht? Warum ließ er so etwas zu? Was ist mit den Zauberern der Heiligen Römischen Kirche? Wo blieb der befreiende Zauberspruch? Einer aus der Bibel, der alle Menschen sofort wieder gesund macht? So nach dem Kirchenmotto: „Oh Herr, sprich nur ein Wort und (nicht nur) meine Seele wird wieder gesund. Wie viele Menschen beteten zu Gott, die eigentlich mit dem Gott der Christen, von mir aus auch der anderen Religionen, nichts zu tun haben wollen und wollten? Und was ist geschehen? Die meisten raffte es qualvoll dahin. Die wenigen, die das Killervirus überlebten, hatten es ganz sicher nicht den kirchlichen Zaubersprüchen zu verdanken, sondern dem medizinischen und pflegerischen Können der Menschen in den Krankenhäusern. Gedankt sei nur denen. Und man soll und darf das niemals vergessen.

Es ist das alte Theodizee-Problem, vor dem die Kirchen, wenn man es genau betrachtet, kapitulieren müssten. Das aber geschieht nicht, denn gute Christusanhänger bzw. Gläubige, egal, welcher Religion, lassen nicht zu, dass man behauptet, dass ihr Gott an Corona und dem damit verbundenen massenhaften Sterben seiner göttlichen Schöpfung schuld ist. Und wenn er nicht aussortiert, wer leben oder sterben wird, sterben soll, sterben muss, dann wird er schon seinen Grund haben. Oder er schiebt alles auf den Teufel, dem armen Teufel.

Theodizee – Erklärung

Gottfried Wilhelm Leibniz fragte: „Wo ist Gottes Gerechtigkeit angesichts des vielen Übels in und auf der Welt? Warum tut er uns all das Leid an? Wie kann es also sein, dass Gott uns liebt und uns dann solch schreckliches Leid antut bzw. es geschehen lässt? Hier geht es um Geschehnisse wie Erdbeben, Vulkanausbrüche, Kriege, Seuchen, Krankheiten, Überschwemmungen, Dürren u.v.m. (bewusst?). Gläubige versuchen (noch immer), eine verständliche Erklärung für Katastrophen und Elend zu finden, bei denen auch die Menschen getötet werden, die Gott lieben und verehren. Vielleicht sollte man versuchen, weniger ins Rampenlicht zu kommen? Ähnlich wie in der Schule. Wer hinten sitzt, der kommt nur selten dran. Besonders wenn es um die unangenehmen Lernstoffe ging. So zumindest war es bei mir. Nur nicht auffallen, dann musst du nicht nach vorne an die Tafel … und zeigen, dass du gar nichts weißt. Das Leid ging dann mal wieder an mir vorbei.

Warum Gott auch das Sterben vieler seiner Anhänger, die ihn so innig anbeten und verehren, so mal mir nichts, dir nichts zulässt, das wird schon (s)einen Grund haben. Durch seine Allmacht besitzt er das Können, mit einem winzig kleinen Gedanken, die vor dem Corona-Tod zu bewahren, die ihm dienlich sind. Aber natürlich geschah das nicht. Da machte er keine Ausnahmen, warum denn auch? Sie sind für ihn alle Sünder, auch wenn sie selbst es so für sich nicht sehen. Man lässt nicht vom Glauben ab, nur weil er irrational und widersprüchlich ist – für kein Argument der Welt. Da sind alle Gläubigen gleich.

Gott sendet Pest und Krankheit? Klar, wer denn sonst? Er hat die zehn Plagen in und über Ägypten kommen lassen – und das erbarmungslos über alle. Das heißt, auch über (seine) Kinder und Tiere. Und genau die sind es, die am wenigsten daran schuld sind, was Erwachsene tun bzw. nicht tun. In dem Fall die Ägypter, die am Leid der Sklaven, in der Pharaonenzeit, keinen Anteil hatten.
Auch mit seinem „eigenen Volk“, den Israeliten, ging er tödlich ins Gericht. Als die Flüchtenden ein goldenes Kalb anbeteten, strafte er sie. Von den vielen Tausenden schaffte es nur eine Handvoll in das von ihm versprochene gelobte Land. Und wie kamen alle anderen um? Ganz sicher nicht altersbedingt. Auch David, ein Auserwählter, ein König, strafte, und das auf eine äußerst perfide Weise. David durfte aus drei Strafen eine wählen, und er wählte die Pest. Und der Herr, sein geliebter Gott, ließ die Pest über Israel kommen und so starben, siehe dazu 2 Sam 24,15, über 70.000 Menschen, die doch zu seinem – damit meine ich Gottvaters – geliebten Volk gehörten. Vermutlich waren es Diebe, Mörder, Vergewaltiger, Gottesabtrünnige usw., die sterben mussten, weil sie nicht seinem Werteempfinden entsprachen. So viel Liebe kann es zu diesem auserwählten Volk dann nicht gewesen sein. Und das Virus Covid-19 hatte er da noch nicht in seinem Köfferchen, zusammen mit den anderen himmlischen Todesviren. Ist es nun das Covid-19-Virus, das den ersten Rang in der Tötungsliste eingenommen hat? Hat er dieses irgendwo in einem Gefrierfach hervorgeholt und gesagt: „Na, da wollen wir doch mal testen, was dieses kleine Virus für Schäden und Leid über meine Schöpfung bringt?“ Und weil es ihm zu anstrengend

und zeitraubend war, hat er erst gar nicht versucht, herauszusuchen, wem er alles das Virus aufdrückt? Wer kennt schon die Gedanken eines Weltenherrschers? Ich nicht.
Nicht alle Menschen traf es tödlich. Hat er da ein relativ sanftes Virus auf die Menschen losgelassen? Was will und wollte er uns damit sagen? Die Menschen sollen ihn mehr anbeten oder es endlich bleiben lassen, denn mit diesem Anbeten verbindet er Schmerz und Tod mit Menschen, die ihn wirklich lieben, von Menschen, die mit seiner Liebe falsch umgehen und glauben, dass Leid und Schmerz an anderen Gottes Liebe ist? Wer die Bibel und das Handhaben der Christen verfolgt, der weiß, dass dieses Vermuten, dass Leid und Schmerz Gottes Liebe ist, nicht von der Hand zu weisen ist. War das Covid-19-Virus ein kleines Schmerz- und Leid-Zeichen-Gottes?

Einmal, da wollte er die Menschen mit einer globalen Flut von der Erde spülen, ging aber nicht, weil die Erde rund ist und die Flut nur um die Erde wirbelte. Was ja bedeutet, die Menschen wären nur von einer Stelle zu einer anderen gespült worden. Bei dieser globalen Rundumspülung hat es Tausende und Abertausende Menschen erwischt, die abgesoffen sind.
Gott ist gnädig und lieb und ließ durch Covid-19 nur Alte, Kranke und hin und wieder auch mal jüngere, vermutlich Gottverleugner, verrecken – als Abschreckung – als Hinweis seiner Allmacht, gegen die kein Mensch etwas unternehmen kann, weil er es nicht will. Alle Bewohner der Erde rottete er (noch) nicht in der Covid-Pandemie aus. Weil er gnädig ist!?

Gott straft nicht, sondern Gott rettet. Wie lächerlich ist das denn? Das ganze Alte Testament strotzt doch nur so vor Gewalt und gewaltsamem Tod durch Gottes Hand, bzw. ausgeführt auf Gottes Befehl. Wen wundert es, wenn man Aids und nun auch Covid-19 als Gottesstrafsendung sieht, die er auf die Menschen losließ? Um die Vernichtungswut des Gottes, des Weltenschaffers aus den Köpfen zu bringen, während man aber jemanden brauchte, der dann als Menschentöter herhalten muss, erfand man den Teufel. Und schon war Gott seinen Makel wieder los. Den „Schwarzen Peter" haben nun der Teufel und seine helfenden Ausgeburten. Jetzt tötet der Teufel für Gott die Ungeliebten. Wenn wieder alles gut ist, dann war der liebe Gott am Werk.

Die Kirchen profitieren auch vom Coronavirus. Viele Menschen glauben, dass Covid-19 eine Strafe Gottes ist, und denken, dass, wenn sie wieder einer Religion angehören, vielleicht der katholischen, sie von seiner Gottesstrafe verschont bleiben. Die Kirchenvertreter haben zwar gesagt, dass dieses Virus keine Sendung Gottes ist, doch wenn sie durch die Angst der Menschen wieder ihre Gebetshütten füllen, dann belassen sie sie in diesem Irrglauben einer Gottesstrafe durch Covid-19. Dann besser gutgläubige Narren, die zahlen, als Wissende, die nichts in das Kirchensäckel werfen. Jeder neue bzw. jeder wieder in die Glaubensgemeinschaft Eintretende bringt der Kirche viel Geld. Spätestens über die Kirchensteuer. Und die Kirche sitzt am Steuerrad und dreht fleißig daran.

Kirchlich schicke Corona-Masken für die Vorbeter Gottes

Ein Ausstatter für Priesterkleidung und Textilien für den Gottesdienst hat für Priester eine schwarze Covid-19-Schutzmaske als Gag ins Angebot in sein Verkaufssortiment mit aufgenommen. Diese Mund- und Nasenmaske, nur für Priester im Design eines Römerkragens (Hemdkragen katholischer Geistlicher), wurde blitzschnell wie ein Heilsstrahl Gottes zu einem Selbstläufer. Die Maske zeigt das Priesterhemd, das jeder Gläubige kennt. Und da diese Klerikalmaske so gut angekommen ist, trägt der Vorbeter nun in allen heiligen Messen kostbar geschmückte und aus sehr edlen Stoffen gefertigte und in passenden liturgischen Farben hergestellte Corona-Masken. Schnöde Alltagsmasken trägt man doch nicht in den herrschaftlichen Klerikalkreisen. Da ist das Beste gerade noch gut genug. Kein Priester soll in der Messe eine Einwegmaske für medizinische Verwendung tragen. Die erinnert zu sehr an den Sündenfall. So zumindest habe ich es gelesen. Und deshalb soll der Gottesmann vor seiner Verkündungsgoschen passend zu den kirchlichen Jahreszeiten (grün rot, violett und weiß bzw. gelb) die glaubensaufsaugende Maske tragen. Was ist der Sündenfall? Unter „Sündenfall“ versteht man den Verstoß der ersten Menschen. Diese waren Adam und seine Frau Eva, die gegen das Verbot Gottes, vom Baum der Erkenntnis zu essen, verstoßen haben. Und welche Erkenntnis würde man erhalten, wenn man eine Frucht dieses Holzgewächses, sollte es dieses noch geben, schnabuliert? Dass man aus dem (angeblichen) Paradies geworfen wird? Oder dass das Coronavirus auch Bibeltreue und Priester getötet hat? Oder dass eine (weitere) Zeit der Maskerade kommen wird, um Menschen an sich zu binden und diese ihr Hab und Gut der Kirche vermachen? Gibt es weitere Gründe für teuer angefertigte Priestermasken? Ja, einen gibt es ganz sicher noch. Eine schöne Maske soll den kirchlichen Gemeindemitgliedern die Schönheit des Himmels aufzeigen. Gibt es bald auch eine Augenmaske, um nicht vom Glanze des himmlischen Paradieses geblendet zu werden? Irgendwann ganz sicher. Man kann es abwarten. Und dann wieder der Schönheit angemessen. Wie man weiß, ist auch diese nur aus den edelsten Stoffen und kunstvoll gefertigt. Sobald man die himmlischen Klänge hört, fertigt man auch für die geheiligten Lauschlappen edelste Gehörschützer an, um nicht von den Himmelsklängen in den Wahnsinn getrieben zu werden? Wenn man dann alles gleichzeitig am Kopfe trägt, dann spielt man „nichts hören, nichts sehen und nichts sagen“ im edlen klerikalen Gschwoischädel-Outfit. Die nächsten Masken zeigen dann schöne Lug- und Trugbilder, wie es im Himmel (angeblich) zugeht.

Wallfahrtskirche St. Corona und der Schlupfaltar

Vor der kreuzbrechenden Hopfenernte schlüpften Generationen von Gutgläubigen viele Jahre lang durch ein Altarloch der St. Corona Wallfahrtskirche, um von Rückenschmerzen bei der anstrengenden Hopfenernte verschont zu bleiben. Hat es was geholfen? Vielleicht ja, doch spätestens bei den in die Knie zwingenden Kirchensteuerabgaben litt jeder und jede irgendwann unter Kreuzschmerzen.
Eine Wiederbelebung erfreulicher Art erlebte diese Wallfahrtskirche in den Corona-Jahren 2020/2021. Und wie das? Die geschundenen Kirchgänger pilgerten zu dem kleinen Kirchlein und baten die Heilige Corona um Hilfe, sie doch von ihren erdrückenden Kirchensteuerzahlungen zu befreien. Sie war so nett und half … umgehend, was schon einem Wunder gleichkam. Und so wurden die Befreiten des Glaubens von dem Kreuzschmerz plagenden Zwangszahlungen an die Kirche befreit und traten dann vor Freude im Kollektiv aus der Kirche aus. War es so? Ist nicht einmal so abwegig bei der Massenflucht aus der katholischen Glaubensgemeinschaft. Eines ist sicher, es gibt die Kirche mit dem Schlupflochaltar in Bayern.

Die Kirchengesellschaft leidet auch heute noch so wie früher an Rückenproblemen, auch wenn die Ursachen früher anders beschaffen waren. Früher spürte man die Rute und die kirchliche Zwangsabgabe, was doppelt schmerzhaft war.

Weingetränkte Hostien

In einer evangelischen Hostienbäckerei in Neuendettelsau wurden, so habe ich es am 15.09.2020 gelesen, wegen der Corona-Krise, besondere Hostien hergestellt. Ach nein, vielleicht mit etwas Schokolade darauf? Nein, so süßes Gebäck legte man dem „Gottesempfänger“ nicht auf die Zunge. Der Teig enthalte … Wein. Was, Oblaten in Wein eingelegt? In Roten? Nein, denn dann würden die Empfänger das getrocknete Blut Christi zu sich genommen haben. So zumindest hat es den Anschein. Diese in Weißwein eingelegten Hostien gibt es nur (?) in der evangelischen Kirche. Und warum macht man das dort? Nun, in der evangelischen Kirche ist es Brauch, dass man zum Brot (dem Leib Christi), diesen, nach der Einnahme, hinunter bekommt – vermute ich mal. (M)eine andere Begründung ist die, dass auf das Herumreichen des Kelchs beim Abendmahl verzichtet werden könne. Klar, so spart man sich das viele Geld für den Wein. Guter Nebeneffekt, man unterstützt keine Alkis, die glauben, dass man in der Kirche Alkohol bekommt. Den hätten sie sich aber redlich erbeten, also dann doch verdient. Also nicht auf Kirchenkosten bzw. umsonst erhalten, versteht sich.

Die Hostien sind einzeln in Plastik oder in kompostierbare Zellophanhüllen verpackt. Klar, damit auch kein Tropfen Wein (Blut Jesu) verloren geht. Und sei es nur bröselweise. Man stelle sich vor, es waren bereits weit über 100 Kirchengemeinden in Deutschland und Österreich, die diese Weinhostien schon bestellt hatten. Die nächste Errungenschaft wären in Wein eingelegte gefriergetrocknete Hostien

– für Afrika vermutlich, weil es dort doch so heiß ist. Dort kann man sie wie lecker Eis lutschen. Deren Hostien schmecken dann … nach Weinessig!? Oder wie wäre es mit in Weinbrand eingelegten Knusper-Oblaten? Mit Brand (Verbrennen und Wein) kennt sich die Kirche schon seit vielen Jahrhunderten am besten aus. Da kann man die „Unheiligen-Scheinheiligen“ gleich schon mal von innen ausbrennen. Der Rest wird später nachgeholt.
Wenn alle Kirchgänger, sehr wenige an der Zahl, die Alkohol(Blut)Hostie einzeln abgeholt haben und zurück auf der Kirchenbank saßen, könnten sie in trauter Runde mit den anderen Gottesdienstbesuchern diese zu sich genommen haben. Der eine oder andere hätte dann noch einen Flachmann aus der Innentasche seiner Joppe ziehen und alle hätten dann anfangen können, ein herrliches Liedlein zu Ehren Gottes zu singen – bis sie grölend von der Bank gekippt wären.

Ja, was es nicht alles gab um dem Herrn Pastor die Schäflein vom Leib zu halten, damit niemand ihn mit Corona anstecken konnte. Gelobt sei Jesus Christus – und die heilige Corona.

Vielleicht gibt es auch bald Hostien, in denen „Gras“ mit im Teig verwurstelt wurde. Das wird aber dann eine christliche Party, in der man ganz schnell die „Corona“ vergisst und nur an Mariacron denkt, weil der Durst nach der Göttlichkeit ins Unermessliche steigt.

Papst ruft Kinder zum Gebetsaufmarsch gegen Corona auf

Der Papst hat im Oktober 2020 alle Kinder der Welt zu einem Gebetssturm gegen das Coronavirus aufgerufen. Da muss man ja direkt glücklich sein, dass er nicht zu einem (neuen) Heiligen Krieg aufgerufen hat. Die Kinder voraus als Kanonenopfer!? Dieses „schöne Ereignis", nein, nicht zu einem Heiligen Krieg, gegen wen auch immer, biete die Gelegenheit, gemeinsam für ein Ende der globalen Pandemie zu beten, so der liebe Franziskus. Wie wäre da ein gesegneter „Krieg" gegen die eigene Institution? Vieles darin sollte (endlich) bekämpft werden. Wie wäre es mit der Bekämpfung der Sexualität, zu der sich die Kirche sehr ambivalent zeigt, aber gerne an anderen intensiv auslebt … und das ohne zu hinterfragen, was an Zerstörung sie dabei hinterlässt?

Nun wieder zurück zum Thema der Bekämpfung des leidigen Covid-19-Virus, dem sich die Kirche verschrieben hat mit Gebeten, Weihwasser und Weihrauch, aber auch dem „Verweigern" von Hilfeleistungen – in vielen Fällen. Hatte sie das wirklich? Klar, wenn es die Erwachsenen nicht hinbekommen, den Covid-19-Virus zu vernichten, dann schickt man die Kinder an die Vernichtungsgebetsfront. Sie sind das Kanonenfutter des christlichen Glaubens, gepaart mit dem Versuch, mit angewiesenen, weinerlichen Gebeten der Kinder so ihren Gott weich zu kloppen, dass dies das starre Herz ihres Christenkönigs erweichen sollte. Für was eigentlich? Das Virus, das die Menschheit wieder „nach Hause" zu holen hatte? Oder sie zum Teufel zu jagen?

Oder glauben die tatsächlich, dass man die Toten wieder heilen, lebendig machen kann, weil's bei denen mal wieder in der Rübe rumpelt? Holala, da wäre die irdische Zweigstelle in Rom genau der richtige Ort. Da kann das Virus viel Gutes anstellen bzw. erreichen. Da kann es ungestört und mit Recht irdische Höllenhunde und Schakale zum Teufel jagen.

Und um die ganze heilige Aktion noch zu verstärken, spendete er, der Papst, der Welt den geheiligten Segen, den „Urbi et Orbi"-Segen. Na, wenn das mal nicht zu Erfolg führt. Und hier noch ein netter Satz des Globalpapis der Christen: „Wir wollen auf die Pandemie des Virus mit der Universalität des Gebets, des Mitgefühls und der Zärtlichkeit antworten! Lasst uns vereint bleiben. Lassen wir die einsamsten Menschen und diejenigen, die besonders hart geprüft werden, unsere Nähe spüren!"
Und wer stellt den Menschen die größten und schwersten Prüfungen? Ihre Nähe ist für viele (junge) Menschen zu nah, viel zu nah, zu eindringlich nah. Sie drängen sich ungefragt auf und dringen in sie so weit ein, dass man von eindringlicher „Sonderliebe" sprechen kann – sprechen muss. Dabei ist von Zärtlichkeit nicht zu reden und von Mitgefühl noch weniger. Viele wollen mit solchen Zärtlichkeitsgebern und Mitgefühlschwätzern nichts zu tun haben. Was ich verstehe. Und ihr Zärtlichkeits- und Mitgefühlsvirus ist oft auch … tödlich.

Nach Angaben der Organisation waren Kinder aus 80 Nationen auf allen Kontinenten an dem Gebetssturm beteiligt. Ein Kardinal sagte mit Blick auf die Corona-Krise: „Wir dürfen nicht vergessen, dass die größte Hilfe von Gott kommt."

Hä, welche denn?

Zweite Covid-Welle im Vatikanstaat

Mit 1.877 Covid-19-Fällen pro 100.000 Einwohner wies der Vatikanstaat am 21.10.20 die höchste Quote in ganz Europa auf. Und das in einem Staat, wenn auch sehr klein (0,44 Quadratkilometer), wo die Anzahl alter Menschen, die Risikogruppe schlechthin, besonders hoch ist. Insgesamt wohnen in diesem Staat ca. 450 (geheiligte?) Personen. Als die hohe Anzahl der Coronainfizierten bekannt wurde, bestand auch in den geheiligten und öffentlichen Räumen die Maskenpflicht. Der Glaube an den Gottesschutz war plötzlich verschwunden. In Luft aufgelöst. Na sowas aber auch. Das gibt mir sehr zu denken, wie die Einstellung des Klerikerhaufen und seiner Anhänger zum Gottesschutz steht. Ist der Gott der Christen nur ein Luftschlossgott, ein Luftikus? Wer aber nahm die Infektionsschutzregel nicht ernst? Der hochheilige Franziskus, der Papst höchstpersönlich.

Seit Ausbruch der Pandemie gab es im Vatikanstaat bis zu diesem Tag keine Verstorbenen. Wirklich? Das kam aber noch. Ab dieser Woche trug sogar der Papst einen Mund-Nasen-Schutz, der lange auf diesen wie auch auf das Einhalten von Abstandsregeln verzichtet hatte. Er vertraute auf Gott, doch der hustete ihm was – was? – Viren!
In der Pandemiezeit sah man Franziskus Pilger umarmen und wie er den Gästen die Hand gab. Auch nett, doch plötzlich reichte das Gottvertrauen auch beim Vorzeigepapa nicht mehr aus, denn auch im Vatikan schlug das Killervirus zu. Da konnten keine Mauern, und seien sie noch so hoch, und viele Gebete zur Covid-19-Abschreckung mehr

reichen. Die geballte Virusflut traf auch Angehörige der Schweizer Garde sowie einen Bewohner des päpstlichen Wohnsitzes. Völlig verdattert stellte man fest, Corona macht nicht einmal einen Bogen um den Papst und seine katzbuckelnde Dienerschaft.

Wenig später hatte der Gottesvertreter sein Vertrauen zu Gott, dass er ihn, gerade ihn, vor Corona schützen würde, schon wieder gefunden. Kaum war seine Generalaudienz vorbei, schon missachtete der Papst die Abstandsregeln und das Verzichten auf eine Mund-Nasen-Bedeckung. Nun ja, so kann man auch Menschen zu Gott befehlen. Einmal kurz gehustet oder geschnäuzt, schon sind wenige Tage später einige der Besucher des Papstes bei ihrem Herrgott oder wo auch immer. Motto: „Ich verkünde euch eine frohe Botschaft. Noch heute, oder wenige Tage später, werdet ihr im Himmelreich Gottes sein“ – und Tschüss.

Wiesenbesuch der Münchner Katholiken

Am Sonntag, den 01.11.2020, kam es auf der Theresienwiese zu einem Protest von Katholiken gegen das Kirchenverbot einer heiligen Messe. Statt der genehmigten 1.000 Teilnehmer/innen befanden sich dort rund 2000 frömmelnde Protestierende, von denen laut Bericht einer Münchner Zeitung kaum einer Maske trug. Die Polizei schritt nicht ein, um die Zusammenrottung trotz des eindeutigen Verstoßes gegen die gerichtlich bestätigten städtischen Auflagen aufzulösen. Der Grund: Die Querdenker, aber auch echte Gebetssäusler, hielten die Versammlung als Gottesdienst ab. Ja, ein paar ver(w)irrte Schafe Gottes kamen auch zu der „Protestmesse". Und mittendrin befand sich auch der Ex-TV-Pfarrer Jürgen Fliege, der gegen die Coronamaßnahmen predigte. Klar, der muss immer dabei sein, weil er gar so wichtig (in der röm/kath. Szene Münchens) ist. Und wie verhielt sich die Münchner Polizei? Sie war extrem verunsichert und wusste nicht, was sie tun sollte. Sie schätzte die Rechtslage als unklar ein. Hinzugeeilte Juristen kamen zu dem – für mich erstaunlichen – Ergebnis, dass es sich um einen Gottesdienst gehandelt habe. Woran haben sie das erkannt? An klerikalen Utensilien (Weihrauchkessel, Segenswaschel mit einem Topf voller Weihwasser und gesegnete, überteuerte Kerzen), die die Aufrührer und Aufwiegler des Christenglaubens bei sich hatten? Wie auch immer, mit dieser Feststellung der Jurispotenz fehlte der Polizei die juristische Grundlage, die Versammlung der Coronaleugner aufzulösen. Na, da waren vermutlich die juristischen Denker der Jesuiten am Werk, um dem Staat eins auszuwischen und sich dem Gebot einer Maskenpflicht in der Coronazeit zu entziehen. Auch was die erlaubte Anzahl der Protestler anging, diese gewieft zu umgehen. Als sich der Protest-Gottesdienst dann suggestiv in ein Konzert (mit grölenden Kirchenliedern und Stimmung machendem Wein) verwandelte, belehrte die Polizei den Veranstalter, der sich unchristlich uneinsichtig zeigte, was ihm jedoch nichts half, da die Veranstaltung des „heilsuchenden Gottes" letztendlich doch noch aufgelöst wurde. Oh Gott, oh Gott, sie wurden vertrieben, wie aus dem gelobten Land ihrer Vorfahren, und das ausgerechnet mitten im erzkonservativen Bayern, der kirchlich geliebten Stadt München. Und das auch noch auf dem heiligen Boden, wo das Bier das heiligste Getränk in der Oktoberfestzeltzeit wie das Blut Christ in Strömen fließt. Wenn das mal kein Sakrileg an den bayrischen Katholiken war. Gnade dir Gott und das Virus mit dem geheiligten Namen Corona.

Auf die Idee, die weitgehende Narrenfreiheit, die Gottesdienste, während der Covid-19-Pandemie für ihre Zwecke zu nutzen und zu genießen, waren bereits am Tag zuvor schon Revoluzzer und Querdenker in Dresden gekommen. Ihre Demonstration, um gegen die vom Staat auferlegten Coronamaßnahmen anzugehen und sie zu überlisten, hatten sie mit einem Gottesdienst erfolgreich begonnen. Und um sich in Schwung zu bringen, gab es einen geheiligten Blutwein. Abgezapft aus den Adern Gottes und/oder seines Sohnes. Oder des Lammes Gottes?
Eine passende Gegenbewegung wäre ein „Widerstand gegen die Christen" gewesen. Gibt es die?

Es darf nicht sein, dass bei den rasant steigenden Coronainfektionszahlen und den daraus resultierenden Lockdown-Maßnahmen die Politik und die Polizei ausgerechnet Katholiken, die sich gezielt den Infektionsschutzmaßnahmen widersetzen, nichts entgegenzusetzen vermögen. Aber so war es.

Den Wirrköpfen des Dreifaltigkeitsglaubens ist es egal, ob sie verrecken, denn sie glauben an ein (besseres) Leben nach ihrem Ableben. Es ist ihnen egal, ob andere durch das Coronavirus, das sie grob fahrlässig verteilen, qualvoll sterben.

Kardinal Woelki bat Weihnachten um Verzeihung

Der Kölner Kardinal Rainer Maria Woelki hat nach scharfer Kritik im Zusammenhang mit der Aufklärung von Missbrauchsfällen an Weihnachten 2020 in seinem Bistum um Vergebung gebeten. Er sagte: dass er zu den Sorgen in der Gemeinde wegen Corona „leider noch eine Bürde hinzugefügt" hat. Was für ein Winkeladvokat. Möchte er damit sagen, dass er aufgrund der Corona-Pandemie nicht sorgsam mit den Missbrauchsopfern und Geprügelten bei der Aufarbeitung umgegangen ist? Es ist also die Corona-Pandemie, die Schuld daran ist, dass es zu diesem Fehlverhalten seinerseits kam. Klar will er das allen weismachen. Versuchen kann man (er) es ja mal. Was denn sonst? Irgendeine Ausrede findet man immer, um sich herauszureden, dass man gestört durch was anderes, dem Covid-Virus, „unglücklich" gehandelt habe. Sag mal, wie blöd glaubt er denn, dass die Menschen sind? Sehr blöd! Doch da irrt der Kirchenmann, das sind sie in der Mehrzahl nicht, wenn sie aus Bequemlichkeit nicht der Katholischen Kirche angehören. Oh Wunder, man möchte es fast nicht glauben, dass die Bücklinge Gottes doch auch mal Gesagtes von Hohepriester-Predigern nicht glauben, und wenn sie noch so oft … doof sind. Doof gemacht durch ihren kruden Glauben. Und an Weihnachten, wenn das heiligste Kindelein kommt, vergibt man selbst den ärgsten (Prälaten)Sündern. Gott sei Dank, gibt es solche Festtage. Sündenvergebungstage, wie sie die Kirchensünder lieben.

Eigentlich müsste seine Eminenz um Verzeihung bitten und Buße tun, dass er überhaupt Priester geworden ist, und dann sofort aus der Kirche austreten. Das macht er aber nicht, denn wo sollen all die teuren Protz- und Machtgewänder und goldenen Insignien hin, so vermutlich sein Gedanke. Ja, wohin denn? Er kann es einem Kölner Karnevalsverein geben. Dann kann er es an Karneval wieder zu seiner Freude anziehen, wenn man ihn überhaupt in den elitären Klub der anderen Narren aufnimmt. Jesasna, dann kann er gleich da bleiben, wo er ist, wenn es um Karnevalsmützenträger geht.

Es ist so leicht, besonders an Festtagen wie Weihnachten, die Gläubigen um Verzeihung zu bitten – vor allem in einer leeren Kirche, wo niemand seine versteckten Messer nach ihm werfen kann. Es könnte ja sein, dass mal nur Kirchengeprügelte und Geschändete bei einem Gottesdienstbesuch dabei sind, um fast Gleiches mit Gleichem zu vergelten. Wie man liest, mache ich da eine Einschränkung. Warum? Nun, wer von den Geschändeten will schon einen Kirchenmann schänden? Noch dazu einen so alten und nicht sehr ansehnlichen Priestermann. Ich würde das nicht machen.
An kirchlichen Feiertagen, wie schon angesprochen, ist es leicht, die Kirchenbesucher um Vergebung zu bitten. An diesen Feiertagen sind sie zu jeder Schandtat (Sündenvergebung) bereit. Ihre Herzen und ihr Geist und ihr seltsam geformter Verstand durch Litaneien der vielen gesäuselten Gottesglaubensgebetsstundenmarathonrunden vergeben sofort und „unbedingt“ dem satanischen Kirchenvorsteher und seinen Vasallen. Es gibt Massen an schutzlosen Menschen, denen tausendfach das Grauen der Kirche schmerzhaft aufgezeigt wurde. Viele Narben sprechen davon, auch

die unsichtbaren. Dafür sollte der Kirchenfürst und Domherr echte Reue tun; und im Schlepptau alle seine Kirchensünder im Talar. Und warum hat Woelki um Vergebung ersucht? Nun, der Kardinal steht in der Kritik, dass er ein von ihm selbst in Auftrag gegebenes Gutachten, lange liegt es zurück, betreffend sexuellen Missbrauchs, in seinem Erzbistum unter Verschluss hält. Begründung hierzu: wegen „methodischer Mängel". Ganz sicher meint er, weil das Gutachten aus seiner Sicht nicht zugunsten seiner geliebten Kirche und seiner sündigen Brüder geschrieben wurde. Sich mit eingeschlossen. Was hat er darauf gemacht, als er ein, wie ich vermute, niederschmetterndes Gutachten gelesen hat? Er gab ein neues Gutachten in Auftrag. Na toll! Und wann soll es veröffentlicht werden? Im März. Schön, wenigstens weiß jetzt jeder, in welchem Monat das neue Gutachten, wenn es kirchen- und kardinalsgefällig ist, veröffentlicht werden soll. Doch welches Jahr, das bleibt offen. Jedes Missfallen, erregt durch ein neues Gut-, äh Nichtgutachten, verzögert die Veröffentlichung. Es wird so lange daran herum gebügelt, bis es glatt durchläuft in der Zensur des lieben Kardinals.

Es gab auch Vorwürfe der Vertuschung seitens des Erz-Bischofs von sexuellem Missbrauch eines inzwischen verstorbenen Geistlichen. Und jetzt aufgemerkt. Als auch das bekannt wurde, erbat er sich Vertrauen von seinen Anhängern. Aha, er erbat und nicht, er ersuchte oder bat um Vertrauen. Sein „erbat" ist als Befehl zu sehen. So interpretiere ich es. Tja, er ist doch ein Befehlshaber. Er bittet nicht, er befiehlt mit rabulistischen Worten.

Sein gegebenes Versprechen, lang liegt es zurück, „ungeschönt und ohne falsche Rücksicht" alles aufzuklären und die verantwortlichen Brutaltäter zu benennen, gelte noch immer. Er stehe, so sagte er, vermutlich mit leichtem Grinsen und gekreuzten Fingern hinter dem Rücken zu seinen Worten, seinem Versprechen. Was, versprechen? Hallo, er meint vermutlich, wenn man ihn auf das Versprechen anspricht, dass er sich versprochen habe. Ach, wie schön ist da die deutsche Sprache. Auslegungswürdig vom Feinsten. Und die Narren fallen auf seine Worte herein. In seinem sehr verkniffenen Gesicht ist nie so ganz zu erkennen, wie er das Gesagte meint. Er weiß, was ihn vermutlich fuchsteufelswild macht, dass die Menschen seine gesäuselten Worte anders sehen und anzweifeln. Weitere Vergebungsworte richtete er an alle in seiner Kirchengemeinde über das Fernsehen. Ob die ihm sein Gesäusel abnehmen oder abnahmen, weiß ich nicht. Ich würde es nicht tun. Hat er diese seltsame Handlung begangen, weil er Angst hatte, dass ihn ein (heiliges) Coronavirus plötzlich wie aus heiterem Himmel dahinrafft? Wer weiß, wer weiß. Wo geht dann sein Weg hin? Nach „oben", nach „unten"? Vielleicht sollten die Gläubigen „Himmel und Hölle" spielen, um zu einer Entscheidung zu kommen. Ich wünsche mir für ihn, dass es eine himmlische Höllenfahrt wird. O je, was bin ich doch wieder böse. Und stört mich das? Nein, ganz sicher nicht. Und da sich der Kardinal mehr um sich, seine Kirche und seine geweihten Diener Sorgen machte, vergaß er, sich um die Gläubigen Sorgen zu machen, die durch Corona in großes Leid geraten waren. Oder war er froh, dass er sich mit seiner geliebten Kirche und dem Verdecken der Schmutztaten beschäftigen konnte, statt sich um die Menschen zu kümmern, die durch Corona krank geworden waren und auch daran starben? Vermutlich war für ihn das, was seine Mitbrüder, auch Laien, an Grauen verursachten und er herunterspielen wollte, wichtiger als ein unsichtbares, aber oft auch tödliches Virus. Seine hauseigenen Täter sind nicht unsichtbar, doch auch grauenhaft in ihrer Auswirkung auf andere gewesen. Versuchte er seine Missetäter unsichtbar zu machen? Über ein Gutachten, welches kein gutes Gutachten für ihn wurde, so, wie er es vorgelegt bekam? Gut, dass es Mittel gibt, jedes Schmerz bringende Virus unschädlich zu machen. Man muss nur beständig an einem Heil- und Vernichtungsmittel arbeiten. So werden unschuldige und wehrlose Menschen vor dem Bösen geschützt. Trägt und trug das Covid-19-Virus dazu bei? Ja, das tat es, wenn auch nicht bewusst. Doch was stört, ist, dass diejenigen, die dadurch vor Schaden durch die Kirche bewahrt blieben und bleiben, welche den Menschen und dessen Seele sonst zerstört hätte.

Arbeitseinstellung

Die Kirchen befanden sich in der Corona-Frage in einer Zwickmühle. Der Kirche, ob katholisch oder evangelisch, hatte im ersten Corona-Lockdown im Frühjahr 2020 ihren Dienst viel zu bereitwillig eingestellt, was viele hilfesuchende Gottvertrauende zu ihrem Leidwesen festgestellt haben. Die Kirchen haben die Gläubigen in einer Krisenzeit des allgemeinen Leides im Stich gelassen, dafür aber nur an sich selbst gedacht. Das ist schon ein sehr christlich eigennütziges Denken. Und das ganz ohne Scham.

Und jetzt kommt der Hammer Gottes. Sie beschwerten sich lautstark, dass diese Vorwürfe haltlos und ungerecht gewesen seien und viele engagierte Christen, dienstbare Kräfte am Altar des Herrn und dem Abendmahlstisch Gottes, überhäuft mit Speisen, die sie sich erbettelt haben, hart getroffen habe. Ja, die guten Katholiken. Besonders die, die um den Altar ihres „hin genagelten Opfers" herumhüpfen, um zu zeigen, wem auch immer, dass sie jemanden lieben. Kaum als sie merkten, dass sie nicht aus der Gesellschaftsschlinge rauskamen, versuchten sie eine neue Strategie. Sie beschlossen es bei einem erneuten Lockdown besser zu machen. Hier frage ich mich, was sie besser machen wollten. Sich noch geschickter aus ihren Verantwortungen der Nächstenhilfe heraus zu schlängeln wie ein glitschiger Wurm, der unter die Erde kriecht, damit ihn nicht der große All-Vogel frisst? Die Leidenden im Stich zu lassen, damit dem Staat alle Bürde auferlegt wird? Ja, so war es dann auch. Ihre Sprechblasen voller guter Versprechen waren nur leere Worthülsen. Was sie aber dennoch wollten, regelrecht einforderten, waren Kirchenbesucher zur Christmette 2020. Na ja, wer will schon allein feiern? Die Kirche nicht. Die Priester brauchen Zuhörer, eigentlich sind es … Schaulustige.

Groß waren die vielen und gerechtfertigten Vorwürfe, mit denen die Kirchen, röm/kathl. und evangelisch, konfrontiert waren. Es wurde ihnen vorgeworfen, dass sie durch ihre krude Aktivität, predigen auf Teufel komm raus, die Gesundheit der Bevölkerung gefährden. Ja, kirchliche Gehirnwäsche macht krank. Mal ehrlich, da braucht es kein C-Virus als Grund, um zu predigen, bis dass der Teufel aus den Menschen rauscht und die Zuhörer gottgefällig macht. Grod so, wie es dem Herrn am Altar gefällt.

Kinder dürfen in der Lockdown-Zeit nicht zum Training auf den Fußballplatz, aber Gottesdienste in Kirchen sollen plötzlich vertretbar sein? Ja, was denn nun? Rein, raus – Nikolaus? Für die einen machen wir was, mit den anderen nicht? Das konnte man nicht nachvollziehen, weil es für viele keinen Sinn ergab. Glaubten denn die Gläubigen, dass sie, wenn sie die Kirche betreten, ein paar Gebete säuseln und danach das Kirchenhaus verlassen, einen Heiligenschutz um sich geschaffen haben, der das Coronavirus an diesem abprallen lässt? Ja, das glaubten sie tatsächlich. Nun, so sind nun mal Narren. Sie beten und denken, dass damit Schutz vor Gefahren von „oben“ auf sie übertragen würde. Und doch liebt ihr Gott sie nicht alle. Die, die er nicht bedingungslos liebt, schickt er, wenn auch nicht gleich in die Hölle, so doch durch ein höllisches Martyrium. Und wer darf sich dann um die kümmern? Die Engel in den Krankenhäusern. Und so kam es auch über viele von Gott Verlassene oder Übersehene. Sollten die irdischen Engel sie wieder gesund gemacht haben, dann dankten sie pflichtbewusst, doch priesen sie ihren Herrn für seine Liebe, die er ihnen genau genommen nicht zukommen ließ oder ihnen entzog. Oder sie strafte – für ihre Heuchelei, ihm und der Unmenschlichkeit gegenüber der Irdischen.

Eine Umfrage des Meinungsforschungsinstituts YouGov ergab, dass jeder zweite Bundesbürger angesichts der hohen Corona-Infektionszahlen für ein Verbot der Weihnachtsgottesdienste eintrat. So habe ich es gelesen. Diese Aussage kommt nicht von mir. Gefällt mir aber. Ich könnte vor Freude wie Rumpelstilzchen herumspringen. Ja, für mich klingt das glaubwürdig, in Anbetracht der sehr vielen Kirchenflüchtlinge, die ihr Geld nicht mehr in einen Schlund werfen wollen, aus dem nur Schund herauskommt. Ob man selbst gläubig ist oder nicht, spielt dabei keine Rolle. Die Bereitschaft zum Besuch von (Weihnachts-)Gottesdiensten ist der Umfrage zufolge gering. Wenn ich mich nicht täusche, liegt der bei gerade mal sechs oder sieben Prozent, die noch in die (schein)heilige Messe gehen wollen. Und es werden immer weniger, die für nichts viel zahlen wollen. Auch nicht für einen schönen Schein. Und wer hat noch ein wenig geholfen, dass es dazu gekommen ist? Ein kleines fieses Virus, das selbst Gottesanbeter nicht mit Weihwasser, Weihrauch, Gebeten und Verfluchungen aus der Kirche vertreiben konnten. Und wer viel flucht, ist nie ein gutes Beispiel von praktizierender Liebe.

Jetzt ein kirchliches Beispiel, was es bedeutet, von der Kirche verflucht zu werden.

https://books.google.de/books?id=eixkx5ZZf98C&pg=PA206&lpg=PA206&dq=Dein+Begr%C3%A4bnis+geschehe+mit+den+Hunden+und+den+Eseln&source=bl&ots=sb8805siLU&sig=ACfU3U1MnrXNpdqJ1xdfNDDlsMGeX54TFw&hl=de&sa=X&ved=2ahUKEwi0vLb-m9_4AhVXX_EDHUNrDHMQ6AF6BAgCEAM#v=onepage&q=Dein%20Begr%C3%A4bnis%20geschehe%20mit%20den%20Hunden%20und%20den%20Eseln&f=false

„Verflucht seiest du, immer und überall; verflucht bei Tag und Nacht zu jeder Stunde, wenn du schläfst und wenn du wachest; verflucht, wenn du fastest und wenn du essest und trinkest; verflucht sei deine Rede und dein Schweigen; verflucht seiest du von drinnen und draußen, auf dem Feld und dem Wasser; verflucht von den Wirbeln deines Hauptes bis zu den Sohlen deiner Füße. Deine Augen sollen blind, deine Ohren taub und dein Mund stumm werden. Deine Zunge soll in deinem Gaumen stecken. Deine Hände sollen sich nicht bewegen, noch deine Füße gehen. Verflucht seien die Glieder deines Körpers, stehend, liegend seien sie von jetzt an verflucht und so mögen deine Lichter bei der Erscheinung des Herrn am Tage des Gerichtes ausgelöscht werden. Dein Begräbnis geschehe mit den Hunden und den Eseln. Deinen Leichnam mögen die gefräßigen Wölfe verzehren. Der Teufel mit seinen Engeln soll dein Begleiter sein immerdar!“

Im Jahre des Herrn 2020, an Weihnachten, gab es die Chance, diese wurde vom Staat gegeben, endlich die „Stille Nacht“ so zu feiern, wie sie eigentlich gefeiert werden sollte. In den Kirchen gab es (endlich) eine stille Geburtsstunde für ihren Herrn – Amen. Wird es das wieder geben? Alle Jahre wieder? Immer und immer wieder?

Katholiken-Präsident verteidigt Gottesdienste

Der Präsident des Zentralkomitees der deutschen Katholiken (ZdK), Sternberg, hat das Abhalten von Weihnachtsgottesdiensten in der Corona-Pandemie mit folgenden Worten verteidigt. „Ich glaube, dass die Hygienekonzepte, die gemacht worden sind, ausreichen. Von den vielen Alternativen und vor allem dem Appell an die Verantwortung jedes einzelnen, um unkontrollierte Zusammenkünfte zu verhindern, ganz zu schweigen." Ihm waren keine Fälle zu Ohren gekommen, in denen katholische oder evangelische Superspreadersprotz-Events abgehalten wurden. Damit meinte er Messen an den großen Feiertagen wie Ostern, Weihnachten usw. Aus Gründen der Vorsicht werde er nur einen Hausgottesdienst machen. Aha, war das bei ihm in der hauseigenen Kapelle mit auserwählten Jüngern? Er hat aber nicht vergessen, wie toll ist das denn, zu betonen, dass für viele Menschen der Besuch eines Anwesenheitsgottesdienstes an Weihnachten „sehr, sehr wichtig" sei. Katholisch wichtig natürlich und unter strengsten Hygieneregeln. Wahrscheinlich hat sein Weihwasser und der Weihrauch gereicht, um die Schutzregeln zu beachten bzw. zu erfüllen.

Ja, die von der Kirche sind schon auf … auf … Zack, wenn es um Schutzmaßnahmen geht. Damit meine ich auf Zack, wie man das milliardenfache Kirchengeld schützt. Arme Kirchenschlucker laufen in der Kirche im Zickzack durch die Bankreihen, wenn das Geldkörbchen herumgereicht wird, um dem Priester ein Schnippchen zu schlagen, damit nicht auch noch der letzte Groschen an die liebe geheiligte Kirche ausbezahlt werden muss.

Einladung zum weihnachtlichen Covid-19-Fest

Lädt die katholische, auch die evangelische Kirche, die hl. Corona und ihre unzähligen mikroskopisch kleinen Killerviren zum Weihnachtsfest ein? Das waren die Fragen im Jahr 2020 und 2021. Oder feierte man an Weihnachten lieber das Fest der heiligen Corona? Sie war in aller Munde, da musste man sie doch am Geburtstag des Herrn, auch ihres Herrn, zur Geburtsstunde einladen, oder etwa nicht? Schließt man sie und ihre „Mitbringsel" zigmilliarden x millionen Mal an der Zahl vom Hochfest aus, weil man in dieser Stunde keine Messbesucher in die heiligen Kathedralen des Christenglaubens lassen durfte? Ja, so ist es, wer nichts Gutes bringt, der wird nicht zu einem freudigen Geburtsfest, und sei es des Sohnes Gottes, eingeladen. Ähnlich dem, der einen Schnupfen hat; der bleibt draußen. Motto: „Da kommst du mir nicht mit deinen Viren rein. Dein Dreck kannst in dein Diachal (Schneitztuch) rotzen."

Die Christmetten und Festgottesdienste am ersten Weihnachtsfeiertag in der Covid-19 verseuchten Heimsuchungszeit auch bei Katholiken zählten zu den am stärksten besuchten Messen. Klar, da zeigte man seine teuren Weihnachtsmäntel und den schicken Schmuck, den man geschenkt bekam. Und die Schutzmasken gegen klitzekleine Eindringlinge verbargen das hämische und herablassende Grinsen vor denen, die sich mit „Plastikschutzmänteln" zeigten. Ansonsten meidet man im Kirchenjahr immer mehr den Gang in eine langweilige heilige Messe. Man bekommt eh nur stets das Gleiche zu hören. So dermaßen Langweiliges, dass man sich das alljährliche Geschwafel sparen möchte. Ich verstehe das sofort.

Und das Elternpaar Jesu hatte endlich auch mal ungestörte Freizeit, ganz zu schweigen vom kleinen Jesulein. Es kann am Tag seiner Geburt (alle Jahre wieder) in Ruhe ausschlafen, wenn es sich satt getrunken und sich ausgepullert hat. Das nenne ich ein ruhiges Weihnachtsfest – für das Gottesbalg. Und wenn schon jemand laut ist, plärrt wie am Spieß, dann bitte nur das Jesuskindelein in seiner Krippe, auf Heu und auf Stroh.
Mein Gott, welche Eltern würden es wollen, dass Milliarden von Menschen bei der Geburt ihres Kindes zuschauen? Bei Jesus waren es ein paar Neugierige an der Krippe, doch diese verhielten sich nicht wie Ochs und Esel unserer Neuzeit, mit Handys, um das Christkind zu fotografieren. Glockengebimmel und lautes Gesinge kann kein neugeborenes Menschenkind gebrauchen. Doch unsere Christen glauben, dass man es mit Halleluja und sonstigen Geschrei willkommen heißen muss. Für irgendwas musste ja das Coronavirus gut sein. Und sei es nur, um Massen von Schreihälsen und Heuchlern vom Kindbett fernzuhalten. Im Jahre des Herrn 2020 war es dann endlich soweit. Der Herr, der Herren durfte ungestört in seiner Krippe, nach +/- 2020 Malen der Wiedergeburt, endlich sein Schläfchen fast ungestört halten und die Muttermilch an der Mamabar nuckeln.

In Trier soll es im Coronajahr 2020 mehr Messen als üblich gegeben haben. Einhundert (100) Plätze waren im Dom von Gläubigen besetzt. Am 24. Dezember 2020 wurden um

21 Uhr und um 23 Uhr Christmetten gefeiert. An diesen Feiertagen waren die Türen des Doms für Gottesdienste geöffnet. Sicher ungewollt, aber doch auch für den ungeliebten Virus der Corona. Auch im Dom zu München wurde mit 130 Personen (ausgelassen) gefeiert. Mit Messwein, dem Guten des Erzbischofs? Und was war mit dem Covid-Virus? Durfte das auch rein zur fröhlichen Messe? Nein, dieser „Mörder“ durfte, wenn möglich, nicht rein. Mörder kommen nicht in ein und gibt es nicht in einem Gotteshaus – sagt man. Und das ist doch jedem (Kind) klar. Ja, wenn man es glauben will, dann wird es so sein. Schlüpften doch mal ein „Mörder“ bzw. „Schmerzbringer“ durch das kirchliche Schutzkonzept hindurch, dann blies man diese durch das offene Kirchentor hinaus. Oder man hoffte, dass sie mit ihrem „klerikalen Wirt“ nach der Messe recht bald wieder verschwanden. Coronaverhinderungskonzepte gab es in allen (?) Gotteshäusern.

Gottesdienste und Versammlungen von Religions- oder Glaubensgemeinschaften wurden, nach ausdrücklichen Anweisungen unter verschärften Coronaregeln und unter der Beachtung von Abstands- und Maskengebot sowie der Vorschriften zur Kontaktnachverfolgung erlaubt. Ausnahme: Die Maskenpflicht galt nicht für die Geistlichen. Braucht es auch nicht. Sie wurden von der heiligen Corona geschützt. Hat es was geholfen? Nein, nicht immer. Wie man stirbt, ist den Christen doch egal. Die einen sterben an dem Coronavirus und die anderen schon seit Langem an dem Ch...us-Virus. Und wenn die große Schar der Mannsbrüder am Altar durch das winzig kleine C-Virus dezimiert wird, dann kann man die freien Stellen mit Priesterinnen besetzen. Mein Gott, was ist das denn für eine ketzerische Äußerung, die ich jetzt vom Stapel gelassen habe? Ok, dann lasst vorübergehend noch einen Mann an der Spitze residieren. Corona erwischte nicht gleich alle. Hatte aber alle im Visier gehabt. Und Anti-Corona-Spritzen gibt es, um den Männerschwund in der Kirche zu verhindern. Gibt es eine Anti-C-und-C-Spritze (Christen- und Corona-Spritze)?

Wer noch vieles mehr über das heilige Konzept in der Corona- und Weihnachtszeit der Kirchen lesen will, soll im Internet suchen.
Makaberes, man mag es kaum glauben, gab es auch in Kirchen zu sehen. Zu sehen im Internet. Sie hängten zu Weihnachten 2020 bunte Coronakugeln an den heiligen Tannenbaum. Und auf die Spitze des beschnittenen Grüngewächses setzten sie die heilige Corona. So schnell hat Altgedientes wie Strohsterne, Glaskugeln und Rauschgoldengel ausgedient.

Corona-Pandemie ab März 2020

Am 19. März 2020 gab Kardinal Mauro Piacenza den Bischöfen die Erlaubnis, Priestern in allen von der Corona-Pandemie betroffenen Gebieten eine Generalabsolution zu erteilen. Diese sollten in Krankenhäusern sein, wo sich infizierte Menschen in Todesgefahr befanden. Um ja möglichst viele der Sterbenskranken zu erreichen, erlaubte er den Einsatz von Lautsprechern, damit die Betroffenen die Lossprechung von ihren Sünden auch akustisch wahrnehmen konnten. Klar, gleich mal mit einem Megafon an die Lauschlappen der Sterbenden herantreten und ihnen die Sündenbefreiung für das Himmelreich zu ermöglichen. Mal ehrlich, die Ärmsten starben nicht an Corona, sondern an der Schreckensgestalt und durch das Gebrüll des Sündenbefreiers in höllisch schwarzem Talar. Alle, die mit dem Coronavirus infiziert sind oder waren, und jene, die den Kranken beistehen und beistanden, erhalten bzw. erhielten einen vollständigen Ablass. Was, einen Ablass und das ohne dafür zahlen zu müssen? Seit wann ist die Kirche so spendabel? Hat sie das Virus morsch in der Birne gemacht? Na, dann hat es doch was Tolles erbracht. Vor allem beim Bischof, der den Sündenablass für die Todkranken kostenfrei in Auftrag gab.

https://de.nachrichten.yahoo.com/impfgegner-kardinal-burke-https://de.yahoo.com/nachrichten/impfgegner-kardinal-burke-schwer-an-corona-erkrankt-085443488.html-an-corona-erkrankt-085443488.html

Der Kurienkardinal Raymond Burke hatte sich stets skeptisch über die Corona-Maßnahmen geäußert. Der 73-Jährige warnte vor einer Impfung, die auf „totalitäre Weise aufgezwungen" werde, und kritisierte Gottesdienstverbote. Er selbst wurde immer wieder ohne Maske in Rom gesehen und nannte Social Distancing „un-göttlich". Burke verbreitete auch die Verschwörungstheorie, dass über die Impfung Mikrochips in den Körper implantiert werden könnten, mit denen der Staat die Menschen kontrollieren könne. Doch dann hat sich Burke selbst infiziert. Bei einem Besuch in Wisconsin war das Covid-19-Virus bei dem Kardinal festgestellt worden. Und was sagte sein Boss? „Die Impfung gegen Corona ist ein Geschenk der Liebe." Hat das der Kardinal dann auch so gesehen?

Das Virus der Erkenntnis

Kardinal Marx‘ Rücktrittsangebot von seinem Bischofsposten Anfang Juni 2021 führe ich auf das (Covid)Virus der Erkenntnis zurück. Ich kann mir nicht vorstellen, dass er sich als Sünder im Missbrauchsskandal sieht, obwohl er selbst, als er Bischof von Trier war, einen seiner Klerikerbrüder, der Schändung an einem Schutzbefohlen begangen hat, vor weltlicher Strafe bewahrte. Für mich hat er dadurch selbst auch Dreck am Kardinalsstab. Und damit man mir glaubt, was ich hier in das Buch mit eingeflochten habe, füge ich nun Folgendes bei. Im Jahr 2006, so ist es in „ZEIT Christ & Welt“ zu lesen, zog Marx einen Priester nicht aus dem Verkehr, obwohl dieser gegenüber der Kriminalpolizei Missbrauchshandlungen an einem Jugendlichen teilweise gestanden hatte. Strafrechtlich waren die Taten um wenige Wochen verjährt, kirchenrechtlich hätten sie 2006 noch geahndet werden können, doch Marx tat nichts, um den Verbrecher seiner gerechten Strafe zuzuführen. Was den Geschändeten angeht, hätte Marx auch seitens der Kirche eine Wiedergutmachung starten müssen, doch daraus wurde nie etwas, denn Marx entschied sich dagegen, die Akten von der Staatsanwaltschaft kommen zu lassen, und riskierte, dass ein mutmaßlicher Täter in der Macht- und Vertrauensposition des Priesters blieb.

Jetzt kommt die Frage auf, ob dieses Virus, das in den vergangenen Jahren auf der ganzen Welt sein Unwesen getrieben hat, weitere Kleriker zur Erkenntnis hat kommen lassen, sich auch aus der Kirche zu entfernen und den Dienst an und für Gott zu kündigen, weil sie Schande über die

Kirche und den Menschen gebracht haben. Ein herziger Bischof in Köln sitzt weiter beharrlich auf seiner „Woelki“. Bin gespannt, wann bei ihm das Virus durchdringt, sodass er ebenfalls zu der Erkenntnis kommt, dass es besser ist, den Abschied einzureichen und jemand anderem seinen Thron zu überlassen. Jemandem, der wirklich das Gute für den Menschen erbringt. Doch noch krallt er sich daran fest.

Diese Kirche brauche ich nicht!

Haben die Kirchen in der Corona-Krise versagt? Ja, aus meiner Sicht ganz gewiss. Viele Menschen haben sich auch noch andere Frage gestellt wie: Ist die Kirche systemrelevant? Ist sie für mich da, wenn ich sie brauche? Hilft sie auch mir? Brauche ich sie wirklich? Ich behaupte, dass viele von der Kirche in der Zeit des wütenden Coronavirus enttäuscht wurden, als sie sie am dringendsten gebraucht haben. Wenn es so ist, dann wundert mich das nicht. So war und ist es immer bei dieser … Gesellschaft.

„Eucharistisches Fasten“ – was ist das denn? Klingt wie eine kirchlich auferlegte Diät. Es war eine kirchlich auferlegte Notmaßnahme, mit der viele katholische Christen durch die Corona-Hochphase kommen mussten. Und was war in der Niedrigphase in der Coronazeit? Da konnte man, mit Gottes Segen wohl gemerkt, wieder die Sau rauslassen. Da durfte nach Herzenslust geschlemmt werden. Jedoch, es gab keine mit Kaviar belegten Hostien. Das käme der armseligen Kirche zu teuer.
Viele der Gottesdienstbesucher sagten sich: Bevor mir der Herr Pfarrer mit Covid-Schutzmaske und mit Gummihandschuhen und Zange eine Hostie auf meine Zunge legt und ich aus einem Kelch eine „rote“ (Blut-) Plörre saufe (Wein zu trinken, ganz minikleine Schlückchen, das gibt es nur bei der evangelischen Kirche), verzichte ich darauf, am Abendmahl teilzunehmen. Den Wein kann ich auch zu Hause saufen. Ein Gemeinschaftserlebnis feiert man am besten mit Freunden zu Hause und nicht in einer verloge-

nen und heuchlerischen Gemeinde unter dem Stammeszeichen, dem Kreuz Christi.
Ein echtes gemeinschaftliches Erlebnis mit der Glaubensgemeinschaft macht mich nicht glücklich, so der Kanon vieler Gläubiger in der Corona-Zeit. Und nicht überall, wo „christlich" draufsteht, ist „christlich herzliches" drin. Corona zeigt offen auf, wie herzlos die Kirchen für viele Hilfesuchenden waren. Da kann ich ja von Glück reden, dass ich, als Corona auch mich aufsuchte, einen milden Krankheitsverlauf hatte. Wer weiß, ob ich nicht doch in meiner Not und vielleicht auch im Fieberwahn einen Priester herbei bestellt hätte, um die „Letzte Ölung" zu empfangen und meine Sünden – welche? – zu beichten.

Ich jedenfalls brauche diese Kirche nicht, die im Mai 2021 jammernd über schmelzende Kirchensteuereinnahmen durch Kurzarbeit diskutierte. Sie dachten auch 2021 nicht an die Not und Sorgen der Menschen. Wenn doch, dann nur ganz flüchtig. Sie dachten nur an ihr Kirchensteuergeld. Sie palaverten über theologischen Heilswert der Abendmahlsfeiern unter Quarantänebedingungen. Vermutlich gepaart mit dem Wert des jährlichen Geldsegens. Und was diskutierten sie über die vielen Menschen, die keine Arbeit hatten und oft nicht die Miete zahlen konnten? Nichts, auch wenn sie behaupteten, dass ihnen das Wohl ihrer Kirchensteuerzahler am Herzen liegt. Und wie ist es bzw. war es bei denen, die mit der Kirche nichts am Hut haben? Gedankenlos standen sie dazu. Wie immer halt.

Viele Eltern konnten nicht arbeiten gehen, weil sie sich um die Kinder zu Hause kümmern und sie behüten mussten, weil die Schulen geschlossen waren und sie deshalb ihren Sprösslingen Homeunterricht zukommen lassen mussten. Und was machte die Kirche? Sie orakelte weiter, Corona könne eine Strafe Gottes sein. Nicht Corona ist eine Strafe Gottes, es ist die selbsternannte Glaubensgemeinschaft Christi. Sie ist es, die viel Übel über die Menschen bringt. Sie ist die Strafe Gottes. Gott und die (Katholische) Kirche gehören nicht zusammen – Amen.

Wen interessiert die Gesundheit der Gläubigen

Die beiden christlichen Großkirchen in Deutschland zeigten sich überrascht von der Bitte der Politik, zwecks Eindämmung der Corona-Pandemie zu Ostern 2021 auf Präsenzgottesdienste zu verzichten. Die Katholische Kirche kam dieser Bitte nicht nach. Sie beharrte auf ein dreitägiges Kirchen- und Ritualsrecht. Der Kirchenbann hätte die Frevler treffen sollen und nicht das C-Virus, wenn sie uns unser Ostergeschäft vermiesen, war wohl der Gutgläubigengedanke.

Es ist schon bemerkenswert und erschreckend zugleich, dass die Politik die Kirchen um Aussetzung von Präsenzgottesdiensten über Ostern bat. Die Gastronomie, die Kultureinrichtungen, die Einzelhandelsunternehmen und viele andere Einrichtungen wurden nicht gebeten, auf eine Öffnung in der Coronazeit zu verzichten. Es wurde ihnen aufgezwungen. Eine Regierung, die als Bittsteller bei den Kirchen angekrochen kommt und um Verzicht von Präsenzgottesdienst winselt, sollte dringend das eigene Verhältnis zu Staat und Kirche überdenken und nicht als Bittsteller auftreten. Wenn der Staat nicht aufpasst, haben wir bald eine Theokratie und unser Präsident trägt den Titel: „Bundespapst der Theokratischen Republik Deutschland".

Für die Kirchen war die Sache mit den Ostermessen eine kniffelige Zwickmühle, nachdem die Politik ihre Bitte ausgesprochen hat. Ostern und Weihnachten sind das größte Show-Event für Gottesgläubige. An diesen Festtagen stürmen die willigen, aber auch unwilligen Beitragszahler die

Gebetshäuser, die sonst eher wenig Interesse an ermüdenden Normalogottesdiensten zeigen. Ein protziger Ostergottesdienst oder eine glitzernde Lamettaweihnachtsmette mit vielen engelhaften Messdienern (Ministranten) und Priestern in herausgeputzten und auf Hochglanz polierten Artefakten sowie Weihe-Utensilien sind für eine Mitgliederbindung wichtig. Ich nenne es Eindruck schinden und nichts anderes.

Doch die Verkündigung der Kirche, dass man an Ostern nicht auf Präsenzgottesdienste verzichten werde, führte dazu, dass die Sympathiewerte für die Kirche weiter in den Keller rutschten und die Mitgliederzahlen noch mehr purzelten. Ja, so kann man sein Ende selbst herbeiführen. Und der Luzi, ihr Gegenpart, freut sich teuflisch über den Gottesglaubensschwund.

Skandalöses Bild der Kirche – nicht nur in der Coronazeit

Die Katholische Kirche hat am 26. Februar 2021 über den Vorsitzenden der Deutschen Bischofskonferenz Verschiedenes verkündet, was die Mehrheit der Gläubigen und der Nichtgläubigen schon lange wusste. Nur dieses Mal wurde es über das digitale Medium Fernsehen verkündet, damit es alle hören konnten. Es war mehr als nur eine nüchterne Bilanz, es war das Eingeständnis von massenhaftem Fehlverhalten der Katholischen Kirche unter der Führung ihrer Bischöfe, die ihren sündigen Mitarbeitern in den Reihen der Priester bisher die Stange gehalten haben. Alles musste unter dem Deckmantel der Verschwiegenheit der Männerriege bleiben. Nichts durfte an die Öffentlichkeit geraten, auch wenn man wusste, dass dies bereits geschah. Doch man versuchte mit allen Mitteln, sich den Verantwortungen zu entziehen, was nun jedoch nicht mehr geht. Man versucht zwar noch immer es herunterzuspielen, doch gelingt oder gelang es ihnen nicht mehr. Der Teufel ist aus der Kiste gesprungen und treibt die Sünder vor sich her.

Es hieß, dass nun die Aufarbeitung sexueller Gewalt in der katholischen Kirche und die hohe Zahl der Kirchenaustritte im Vordergrund stehen wird. Nun, da bin ich aber mal wie ein Flitzebogen gespannt, wie das aussieht. Vermutlich begräbt man die Missbrauchten und Geschundenen und fälscht die Zahlen der Kirchenaustritte zu ihren Gunsten. Dabei vergisst man das Leid der Geschundenen – ganz fix. Doch das Leid ist genauso wenig wegzuleugnen wie das Coronavirus.

Hier frage ich mich jetzt, wer schneller von der Bildfläche verschwindet. Corona oder die Katholische Kirche? Angezählt ist die Kirche bereits seit Längerem, und die Kirchensteuerzahlenden werden weiter immer weniger werden. Es dauert nicht mehr lange … 3 … 2 … 1 … und die Kirche liegt für immer K.O. auf dem Boden der von ihr selbst geschaffenen Realität. Die Kirche knockte nicht Corona mit ihren Gebeten aus, sie knockte sich mithilfe von Corona selbst aus. Und den Rest gaben ihnen die gallig enttäuschten Kirchenmitglieder mit massenhaften Kirchenaustritten. Gelobt sei Jesus Christus – Amen. Was bleibt, ist ein freier Platz für eine neue Religion, aber bitte keine, wo katholisch draufsteht. Davon haben wir genug Schlechtes gehabt. Doch kaum hat man etwas Arges ausgerottet oder hat sich selbst eliminiert, schon taucht ein neues Grauen auf. In diesem Fall ist es der gottesbrave und selbstgerechte Nathanael Liminski. Schaut mal ins Internet, wer dieser Typ ist. Und dann vergesst ihn wieder, denn er ist nur ein nerviges Virus, das man sich nicht verbreiten lassen darf. Der Name klingt wie von einem Übriggebliebenen des Alten Testaments, mit einem direkten, aber sehr unheiligen Draht zu Gott. Nur dass es ihn in unsere Zeit verschlagen hat – als Wiedergeburt? Um die Katholische Kirche zu retten? Oder um sich selbst aufzuschwingen in die Ebenen des Papstes, um den jetzigen vom Thron zu schubsen. Motto: „Schau, dass du weiterkommst. Das ist mein von Geburt an und von Gottes Gnaden vorbestimmter Platz.“ Den Republikaner-Platz von Trump konnte er nicht einnehmen. Seine Schulung zum Erzkonservatismus hatte er im Kongress der Vereinigten Staaten in Washington absolviert. Jan

Böhmermann sagte treffend formuliert: „Liminski ist die rechte Hand Laschets und die linke Hand Gottes.“ Als wenn es nicht reicht, dass Covid-19 und die Katholische Kirche ihr Unwesen treiben, nun ist es eine neue Lichtgestalt des Christentums, die die Untreuen des Glaubens vernichten soll? Wer weiß, wer weiß, ich weiß es nicht.

Sein Vorname geht auf einen der ersten Jünger Jesu zurück (Joh 1,45-50) und bedeutet: „Gott hat gegeben“. Er wurde für die Katholische Kirche zu einem Vorzeigekatholiken mit so manchen kruden Äußerungen wie: „Ich kenne viele Homosexuelle, und einige tun mir leid. Der Staat muss schon aus reiner Selbsterhaltung die natürliche Form der Ehe und Familie fördern.“ So gesagt im Jahre 2007. Was ist das für ein Heuchler vor seinem eigenen Herrn, den er so abgöttisch abbusseln würde? Ich sag es ja immer wieder: Wer so katholisch quatscht, der darf auch mal ein Sünder sein. Das liegt in den Genen der Gottesanbeter, die aber ihr Vernichtungsvirus verbreiten, um auszulöschen, was nicht passt oder passend gemacht werden kann. Hauptsache, man wird selbst nicht als Sünder entlarvt. Ist er eine weitere Vernichtungsmutation Gottes? Ist er der Retter des katholischen Glaubens und der Arbeitsplatzsicherer der Kirchenbeamten?

Kirchentitanic

Was machten die Kirchenfürsten, als die Predigerhallen bei den Gottesdiensten leer blieben? Es passte ihnen nicht, dass sie sich jetzt nicht mehr wie Pfauen in bunter „Federpracht“ den blökenden Schafen im Herrschaftshaus zeigen konnten. Es predigt sich nicht so schön in einem riesigen Kirchenschiff, das dem Untergang wie die Titanic geweiht ist. Da hilft auch keine Arche Noah, um sich und seine Täter zu retten. Die Katholische Kirche geht unter. Nur wann? Werde ich es noch erleben? Vermutlich nicht.

Die Coronaviren helfen schon, das zu erreichen, den Rest tragen die Herrlichen Gottes selbst bei. Und das viele Gold und Geld wiegt schwer, bis das Konstrukt Kirche abgesoffen ist. Oh, ihr Herren der allmächtigen Kirche, seht ihr nicht, wie ihr selbst den Putz, den zu schützenden, von den Mauern klopft und so zum Untergang eurer geliebten Kirche beitragt? Nein, das seht ihr nicht, denn ihr seid verblendet durch die Macht und den Reichtum, den ihr auf vielen seltsamen Wegen errungen habt. Ihr glaubt, ihr seid unverwundbar, doch reißt ihr euch selbst Wunden in euer eigenes Fleisch, in das dann der eigene Kirchendreck eindringt und euch zu Boden zwingt. Das, was dann noch tot daliegt, das verweht der Wind und das Vergessen, wenn auch dies sehr lange dauern wird. Nun ja, Hauptsache, ihr steht nicht wie Phönix aus der Asche auf und bringt wieder und noch schlimmeres Unheil über die Menschen. Schade nur, dass es immer wieder Idioten geben wird, die eine brutale Führung brauchen, sogar wollen, und genau dafür gibt es die Religionen, die solche Menschen hervorbringen, in ihren Aufzuchtshäusern des (w)irren Glaubens.

Von dieser Bischofskonferenz und der öffentlichen Verlautbarung dieser Tage kann man lesen unter:
https://www.mdr.de/religion/kirche/bischofskonferenz-bilanz-100.html

Einiges darin brachte mich schon zum Kopfschütteln, weil die Dreistigkeit in der Katholischen Kirche grenzenlos ist und die Unverschämtheit offenbart, dass man die Menschen für blöd hält. Hier ein Beispiel: „Zudem überlegten die Bischöfe, die kirchliche Strafprozessordnung zu ändern, eigene Strafgerichte einzurichten und die Verwaltungsgerichtsbarkeit in der Kirche zu reformieren."
Braucht es dazu einen neuen Luther? Übrigens, der war nicht besser als seine Kollegen aus der Katholischen Kirche, aus der er selbst hervorgegangen war mit allen Grausamkeiten des Kirchenapparates. Außerdem kündigte er, der Vorsitzende der Bischofskonferenz, für dieses Jahr (2021) neue, am Beamtenrecht orientierte Standards für die Führung der Personalakten an. Welches Beamtenrecht wird gemeint sein? Das kirchliche Beamtenrecht? Geschickt umschrieben, doch nicht geschickt genug, um alle zu täuschen und einzulullen. Und dieses Beamtenrecht, welches denn, soll für alle Diözesen gelten? Vermutlich weiterhin das kirchliche. Und so bleibt alles beim Alten. Und die Schandtaten der lieben Kirchenhelfer im Talar gehen weiter und niemand wird zur gerechten Strafe geführt, weil die obersten Heeresführer der Kirchen über ihre Missetäter die schützende Hand halten – Amen. Was die Kirche nicht ver-

nichten kann, das erledigt die (heilige) Corona-Pandemie, das ist ganz sicher nicht nur mein Wunsch. Ja, es kling hart, doch die Schläge und der Missbrauch waren härter in ihrer Gesamtheit. Und das ist nicht zu verleugnen, von niemandem.

Gesetzlichen Bestimmungen – Gott schützt uns schon vor dem Tod durch Corona

Dieser absurden Ansicht schienen viel zu viele der Gläubigen gewesen zu sein. Im Frühjahr (04.02.2020) zeigte sich deutlich, dass die meisten Gläubigen in Europa eher der Wissenschaft als dem Herrgott vertrauten. Das aber hatte sich leider verändert. Da der Staat, wie sie glaubten, nicht hilft, griff man wieder auf einen kirchlichen unsichtbaren Gott zurück, in der unwahrscheinlichen Hoffnung, dass er ausgerechnet die Vielbeter und Gotteskniagler vor dem Tod durch Corona retten würde. Die hatten vergessen, dass die heilige Corona die Mama dieser kleinen fiesen Viren ist. Und diese Heilige ist eine Braut Christi im Hofstaat Gottes. Also eine von vielen Weibern in der Vielweiberei Gottes. Da sie eher eine Dienstmagd ihres Herrn ist, aber nicht die Geberin des Nachfolgergottes ist, schickte sie ihre Abermillionen von Killerviren auf Gottes gesegnete Menschheit, um sich an IHM zu rächen? Ja, verschmähte oder missbrauchte Frauen sind rachsüchtig. Und da ist es ihnen Wurst, ob ein Gott sie befruchtet hat. Wenn daraus nur Bastarde hervorgehen, wird sogar die sanfteste Maid zu einem wilden Stier. Schließlich erhofft sich jede Gottesgeschwängerte, dass ihre Nachkommenschaft Gotteskinder und damit Thronanwärter sind.

In Deutschland zeigten religiöse Eiferer, dass sie mehr auf Gemeinschaft und Gebet als auf wissenschaftliche Erkenntnisse und Infektionsschutz vertrauten – und dass ihnen staatliche Anordnungen am Allerwertesten vorbeigingen.

Posaunen von Jericho - für den Tod?

Während Freikirchler auf Infektionsschutz pfiffen, blies man in anderen Kirchen darauf, im wahrsten Sinne des Wortes. Durch Posaunen und Trompeten wurde das Virus in der Kirche verteilt, und dazu sang man noch ein fröhliches Halleluja. So waren sie nun die Sänger und Bläser des Allmächtigen, beides Aerosolschleudern par excellence. In den Kirchen ist man bekanntlich dem lieben Gott näher. Und was glaubten diese Kirchenmusikanten? Sie glaubten, wussten es aber nicht, was ihnen egal war, dass der göttliche Infektionsschutz besser von oben wirkt, wenn man sein himmlisches Gottesständchen den Virenschutz-Gläubigen im Parterre entgegenschmettert.

Wie würde die Leitung eines Altenheims reagiert haben, wenn eine Sänger- und Blasinstrumentengruppe durch die Flure ihrer Einrichtung marschiert wäre? Egal, ob man den Mindestabstand zu den Alten eingehalten hätte? Das Gesundheitsamt würde den Laden umgehend dicht gemacht haben. Ich würde an den Türen und Toren extra Schlösser angebracht haben, damit die Killersprayer des unheimlichen Glaubens keinen Zutritt zu den Schutzlosen hätten bekommen können. Aber hallo, in der Kirche galten andere Regeln für Corona-Infektionen. Dort bestimmten die Herren des Klerus, was Gesetz ist. Klar, wer mit Gott ist, bezeugt durch Gebete und Verzehren eines Brocken Menschenfleisches, gewürzt mit Covid-Viren, und Saufen seines Blutes zur Abrundung des heiligen Mahles, befand sich dann göttlich sicher in keiner Covid-19-Risikogruppe. Gott wäre gedankt gewesen, wenn sie dabei nur unter sich geblieben wären. Aber nein, sie schwirrten aus, umzingelten

Unschuldige und bliesen ihnen den tödlichen Gottesmarsch. Und die heilige Corona stand ihnen zur Seite – spritzig, sprotzig froh. Leute, ist das denn wirklich nicht nachzuvollziehen, dass das so nicht gehen darf? Reinmarschieren und den Alten das Licht ausblasen? Aber hallo, wo leben wir denn, auch die Alten? Den Gottesanbetern war das zu schwer zu begreifen, was sie oft mit anderen machten. Hauptsache, sie verkündeten mit Pauken und Trompeten, wann es mit dem Leben vorbei ist. Genauer gesagt, viele checkten es, doch ihnen wurde vorgesagt, was sie zu tun und zu lassen gehabt hätten. Und Denken … nee, das kommt ja gar nicht in die Tüte. Das machen die Herren mit ihrer geweihten Zipfelmütze.

Priester zuerst

https://www.katholisch.de/artikel/29700-kardinal-stella-priester-sollten-bevorzugt-geimpft-werden

Für eine Priorisierung von Priestern bei den Corona-Impfungen sprach sich der Chef der vatikanischen Kleruskongregation Kardinal Beniamino Stella aus. Er plädierte dafür, dass man Geistliche als Teil einer besonderen „Risikogruppe" betrachten müsse. Das glaube ich sofort, bei all den Greisen im schwarzen und blutroten Gewande. Und für wen sind sie ein Risiko?
Weiter führte er aus: Die seelsorgerische Tätigkeit von Geistlichen sei ein „sozial nützlicher" Dienst, der anerkannt werden müsse. Man beachte – „müsse". Ja, bei denen, den Kirchenfürsten, ist alles ein Muss und nicht … ein bitten. Nicht alle legen Wert auf dessen angeblichen „sozial nützlichen Dienst". Viele wären froh, ihren „sozial nützlichen Dienst" nie am eigenen Leibe verspürt zu haben. Da brauchte von denen auch keiner in der Corona-Zeit mit ihrem „sozial nützlichen Dienst" angetanzt kommen.

Auch der Vorsitzende der Deutschen Bischofskonferenz, Bischof G. Bätzing, forderte 2020, er bat nicht darum, eine frühzeitige Impfung für Seelsorger. „Wir müssen diejenigen durch Impfung schützen, die besonders gefährdet sind und die wir jetzt in dieser Situation am meisten brauchen", sagte der Limburger Bischof. Damit meinte er seine Stammesbrüder und nicht gewöhnliche Sterbliche.

Augsburg 10.02.2021

Der Augsburger Oberhirte Bischof Bertram Meier und sein Gehilfe, Generalvikar Harald Heinrich, wurden, obwohl sie noch gar nicht dran waren, mit dem Anti-Coronamittel geimpft. Sie dachten vermutlich an die Aussage ihres Kollegen Georg Bätzing, der sich 2020 für eine frühzeitige Impfung seiner Seelsorger stark gemacht hatte, um sie vor Corona zu schützen, wenn sie ihren (angeblichen) seelsorglichen Pflichten nachkommen.

Nach einer vehementen Kritik aus der Öffentlichkeit meinte Bischof Meier: „Ich habe mich bei der Corona-Impfung nicht vorgedrängelt." Klar, man hat ihn nach vorne in die erste Reihe geschubst. Und so war er der Erste in der Reihe der zu Impfenden. Ja, was denn, das steht doch einem Bischof zu, oder etwa nicht? Hallo, schließlich ist er ein Mann Gottes und der ist schützenswert, oder doch nicht? Das ist eine typische bischöfliche „Ich-zuerst-Mentalität".

Bischof Bertram Meier hat alle Kritiken, die auf ihn und seinen besseren Sekretär Heinrich (der Schlaue?) einprasselten, betreffend seiner Corona-Impfung bei einem Seniorenheim-Besuch zurückgewiesen. Eine weitere Erklärung lautete: „Die kranken und alten Menschen im Altenstift brauchen Zuwendung und menschliche Nähe. Sie brauchen aber auch die größtmögliche Sicherheit, dass ihnen niemand die Viren ins Zimmer bringt." Dann brauchen die Katholiken auch nicht in die Altenheime rumpeln und die Alten mit ihrer Anwesenheit zu Tode erschrecken. Mal ehrlich, dem Meier-Mann war es egal, wer von den Alten stirbt, ihm und seinen Helferlein ging es doch nur um die sofortige Schutzimpfung, und da war ihnen jede Ausrede passend. Und wenn es auf Kosten der Alten und Gebrechlichen ging.

Seitens des Bistums erklärte man den Schritt – für mich ist es ein gewollter Fehltritt – der Geistlichen damit, dass kurzfristig ein Überschuss an Impfstoff vorhanden gewesen sei. Ja, wer‘s glaubt, wird Christ oder ist schon einer. Weiter war zu hören, sie seien als „Personal“ anzusehen. Aha, und deshalb, obwohl man wusste, dass dieses Gespann kein Krankenhauspersonal war, wurde ihnen eine übrig gebliebene Dosis des Anti-Covid-Serums in die Adern gejagt. Was haben diese Prediger versprochen? Einen Platz im Palast Gottes, oder haben sie den Ärzten und Pflegern mit Höllenqualen gedroht, damit man ihnen das Serum verabreichte. Geschmiert mit Geld ganz sicher nicht, denn sie kleben an ihrem Geld.
Die Diözese verwies in diesem Zusammenhang auf die Bayerische Impfverordnung vom 14. Januar 2021, dass Geistliche unter die Kategorie derer fallen, „die regelmäßig in Einrichtungen der Langzeitpflege, teilstationären Einrichtungen und in ambulant betreuten Wohngemeinschaften zugegen sind“. Ein Ministeriumssprecher bestätigte, dass in Seniorenheimen tätige Menschen zur obersten Prioritätsstufe zählten. Dazu gehörten Seelsorger, die regelmäßig dort wirkten. Das, was diese Impfschnorrer sind, ist, dass sie ganz sicher einer Risikogruppe angehören, die anderen den Tod erleichtern bzw. leicht machen, mit solchen Egotrip-Aktionen. Sie sorgen für freie Plätze in den Alten- und Pflegeheimen und reichlich Arbeit für ihre Horde von Bediensteten – bis hin zu den Sargschubsern.

Kritik von Grünen-Fraktionschef

Der Grünen-Fraktionschef Ludwig Hartmann hatte in einem Zeitungsbericht das Vorgehen Meiers und Heinrichs kritisiert. Er sprach von „Impfdrängelei“ und einer „nicht tragbaren Ich-zuerst-Mentalität“. Der Bischof habe sein Vordrängeln damit begründet, dass er Gottesdienste in Pflegeeinrichtungen zelebrierte und dafür geimpft werden müsse, damit er bei den zu Pflegenden eine Messe abhalten könne. Ah ja, und ein „einfacher“ Pfarrer tut es nicht, oder? Nein, das tut es nicht, denn dann hätte der einfache Mann die Spritze mit gutem Inhalt bekommen. Ja, da sieht man das Vorrecht eines Bischofs gegenüber seinen Untergebenen. Der Chef kommt immer zuerst dran. Der andere, der interessiert dann weniger.

Kritik von Patientenschützern

Meiers Aussage war, kranke und alte Menschen in den Heimen bräuchten „die größtmögliche Sicherheit, dass ihnen niemand die Viren ins Zimmer bringt“. Klar, das verschafft ein gespritzter Bischof. Das führte er als Grund an, weshalb er und sein Mitarbeiter zu dieser frühzeitigen Impfung kamen. Hier wurden die alten und kranken Menschen in den Altenheimen verarscht und dem Tod fahrlässig durch priesterliche Virenschleudern ausgesetzt.

Ähnliche Vorgänge gab es auch in Österreich. Der Wiener Kardinal Schönborn hatte in einer kirchlichen Geriatrieeinrichtung Anfang Januar 2021 als einer der Ersten den Impfstoff erhalten und war dafür kritisiert worden. Auf Mallorca ließ sich seine Exzellenz Bischof Taltavull Ende Januar 2021 in einem Ruhesitz für Priester impfen, ohne dort zu wohnen. Beide Kirchenmänner argumentierten, sie wollten mit ihrer Impfung eine Vorbildfunktion wahrnehmen. Sie dachten, sie würden ein Vorbild abgeben. Wer soll das glauben? Das, was sie nicht wollten, war, zu früh in die Hölle zu kommen, um für ihre Sünden zu büßen – am Höllenspieß des Teufels, wo viele, sehr viele langsam durchgaren. An diesen Egobeispielen sieht man, dass der Glaube zu Gott und seinem Gesunderhaltungsversprechen keinen Pfifferling wert ist. Dass ihr Gott nicht hilft, wissen sie selbst schon. Öffentlich werden sie das nie zugeben. Sonst hätten sie sich das Serum nicht erschlichen, auf Kosten anderer Bedürftiger.

Wie wäre dem zu begegnen gewesen? Es wäre höchste Zeit gewesen, dass die Kirchen ihren eigenen Beitrag in der

Coronakrise entwickelt und inhaltlich deutlich kommuniziert hätten. Gottesdienste sind für das kirchliche Leben unverzichtbar. Das muss die Kirche nicht nur in „normalen“ Zeiten auch leben.
Die Kirche hätte alles tun müssen, dass „würdiges Sterben“ nicht eine reine Angelegenheit der Virologen und Intensivmediziner geblieben wäre und bleibt. Leider vergessen es die Herren der Kirche schnell, wenn es darum geht, aktiv für Betroffene da zu sein. In mir verfestigt sich immer stärker der Eindruck, dass sie vor „weltlichen Problemen“ davonlaufen. Hat ja nichts mit der heiligen Kirche zu tun. Besonders schnell laufen sie, wenn man ihnen an den Geldbeutel geht, damit sie helfen, wo Hilfe nötig ist … und nicht nur Gefasel von Gott und seinen Gehilfen, die in der Not helfen. Sollte man etwa ein angebliches Heiligenbild, das man auf ein schmieriges Holzbrett geklebt hat, an die Wand nageln und dann anbeten? Mit welchem oder welcher Heiligen darauf? Die heilige Corona etwa? Oder geweihte Schluckbildchen schlucken, damit das Virus nicht über den Rachenraum in die Lunge gerät? Mein Tipp wäre gewesen, wenn es hilft, warum nicht pfundweise geheiligte Oblaten fressen, die den Rachen versperren, damit nichts reinkommt, was man lieber draußen hat?

Durch die Corona-Pandemie sind die Menschen weder religiöser noch nicht-religiöser geworden. Sie vertrauen nicht auf Gott, sie vertrauen lieber auf die Ärzte. Diese impften ein Serum, das das Virus nicht zu Entfaltung kommen ließ bzw. lässt – meist zumindest. Die Kirche aber impfte und impft Ideologien, die den Menschen gotteswil-

lig machen soll. Besonders zu erkennen war es in der langen Coronazeit.
Gebete verstärkten nicht den Glauben bei denen, die bereits vor der Pandemie sehr religiös waren. Sie wissen, noch gläubiger geht es nicht mehr. Nun, hier bin ich anderer Ansicht, es geht immer noch etwas, man muss es nur wollen. Doch was war ihnen von der Kirche geboten? Viel leere Luft, aber nicht gereinigt von dem Coronavirus, das sie mit Segenssprüchen vertreiben wollten und es auch versprachen. Was wurde daraus? Eine einzige Enttäuschung durch die Prediger war es, was man bekam. Die Menschen merkten sehr schnell, wo die Kraft Gottes versagte.

Die 3G-Regel gilt nicht für die Kirchen

Um den steigenden Covid-19-Infektionszahlen zu begegnen, gilt seit Ende August 2021 die 3G-Regel. Das allerdings nicht für Gottesdienste. Ah do schau her, mal wieder windet sich die Kirche aus der Verantwortung für ihre zahlenden Gläubigen, um sie vor Beeinträchtigung zu bewahren oder Schaden zu lindern, der durch Corona entstanden ist. Erklärt wurde die Entscheidung damit, dass Religionsausübung ein Grundrecht sei. Die 3G-Regeln gelten nicht für Kirchen, weil der Artikel 4 des Grundgesetzes für die Kirchen besagt, dass die ungestörte Ausübung ihrer Religion gewährleistet wird. Wieder einmal ist die Kirche fein raus, wenn es darum geht, ihre noch wenig verbliebenen Schäfchen in den Schafstall Gottes zum Scheren bringen zu können.

Armin Laschet, der einstige Kanzlerkandidat von 2021, meinte zu wissen – aus Erfahrungen der Kirchen, auch eigener? – dass die Gläubigen eine doppelte Impfdosis hätten. War er bei jeder Impfung der Christgläubigen dabei, dass er das so genau wusste? Er fügte weiter hinzu, dass ein Gottesdienstbesuch nicht mit einem Discobesuch vergleichbar sei.

Der Papst lässt Sünder im Amt

https://de.yahoo.com/nachrichten/erzbischof-heße-maß-macht-steht-191009866.html

Bei der Aufarbeitung von Missbrauchsskandalen, auch in der Zeit der Coronapandemie, ging es der Kirche nicht um Gerechtigkeit, sondern um die eigene Rettung.
Papst Franziskus spricht einen hohen Kleriker frei und belässt ihn im Amt. Im März 2021 hatte Erzbischof Heße dem Papst seinen Amtsverzicht angeboten, weil ihm ein vom Erzbistum Köln in Auftrag gegebenes Gutachten elf Pflichtverletzungen von 2006 bis 2015 im Umgang mit neun Verdachtsfällen von Missbrauch nachweisen konnte. In dieser Zeit war Heße im Erzbistum Köln als Generalvikar tätig. Das Oberhaupt der katholischen Kirche sagte zum Fall des Erzbischofs von Hamburg: Es seien „Mängel in der Organisation und in der Arbeitsweise“ des Kölner Generalvikariats sowie „persönliche Verfahrensfehler“ Stefan Heßes festgestellt worden. Was Kardinal Heße betrifft, schrieb der Oberhirte aus dem Vatikan weiter, Heße habe seine Fehler in "Demut anerkannt. Das heißt nun übersetzt, dass der Kardinal von seinen „Sünden“ freigesprochen ist, oder? Damit ist die Sache für den Papst erledigt. Die Eiseskälte der Begründung des „Freispruchs“ ist nicht zu überbieten.

Hier nun zwei dieser klerikalen Verfehlungen des Kardinal Heße, als er in Köln sein Unwesen trieb. In einem Fall schenkte Heße als Hauptabteilungsleiter in der Erzdiözese einem Missbrauchsbetroffenen keinen Glauben. Er setzte den Missbrauchten in einem persönlichen Gespräch dermaßen unter Druck, dass dieser nach dem niederschmetternden Gespräch in eine psychiatrische Klinik musste. Einer anderen Person – einem schwerst traumatisierten Geschändeten – verweigerte Heße die Fahrtkosten zu seinen Therapiestunden. Sind das nur kleine und niedliche Missgeschicke, die dem Mann unterlaufen sind? Aus seiner Sicht und der seines Chefs sicherlich schon. Da kann man locker darüber hinwegsehen, dass man unmenschliches Handeln an Hilfesuchenden begangen hat. Was wollen die Menschen eigentlich? Den Priestermann an den Pranger stellen? Ja, so was in der Art, denn sie sind es doch, die sich das Monopol der Liebe auf ihre Kirchenfahne schreiben. Sich daran halten, nein, eher weniger bis gar nicht. Ich verstehe es sofort, wenn man solche Typen verachtet, die Liebe versprechen, doch Teuflisches machen bzw. zeigen.

Der Papst belässt nach Reinhard Kardinal Marx nun einen zweiten Würdenträger in Deutschland gegen dessen Willen im Amt. Papst Franziskus antwortete dem Münchener Kardinal, dass er unverzichtbar sei. „Die Untersuchungen“, so schrieb der Pontifex, „werden uns nicht retten.“

Wer sind die, die nun diese „Fehler“ ausbaden müssen? Es sind die Missbrauchten. Und selbst der Papst schert sich einen Dreck. Er heuchelt Anteilnahme und Bedauern, dass ihnen solch Bösartigkeiten widerfuhren. Doch damit hat es sich schon wieder.

Es geht immer nur um das große Klerikale und nicht um Gerechtigkeit. Deshalb gelten für Priester grundsätzlich mildernde Umstände, da sie ihre eigenen, ihre kirchlichen Gesetze haben, die sie meist vor staatlicher Gerichtsbarkeit schützen. Ist es denn nicht schon jedem klar, dass in der Katholischen Kirche nur die Größe ihrer Macht gilt – gegenüber den anderen, den Nichtpriestern?

Es zeigt sich, dass das Coronavirus bei der erhabensten Schöpfungsgruppe, so glauben sie es selbst, dass sie es sind, leider zu keinem Erkennen verhalf, was an unsagbarem Leid durch Missbrauch an Kindern und Jugendlichen seitens Kirchenmännern und -frauen begangen wurde. Und so wurde in der Zeit der Corona-Pandemie das Vertuschen von Gewalt und Missbrauch an Schutzbefohlenen in der Katholischen Kirche weiter vorangetrieben. Immer schön in der Hoffnung und dem Glauben, die Normalos, die „Deppen", werden es schon nicht merken. Weit gefehlt, sie wissen sehr wohl, wie der Kirchenapparat funktioniert, und sie denken, dass jeder, außer sie selbst, Armleuchter sind, bei denen der Strom für die Glühbirnen nicht mehr fließt.

Einen weiteren Sünder hat er, der Papst, im September 2021 im Kirchendienst belassen, wenn auch er diesen vorübergehend in den Urlaub der Buße geschickt hat. So konnte sich größenwahnvirusverseuchter Kardinal Woelki auf eine Wolke setzten und über seine Verfehlungen brüten. Besonders über die seiner übelsten Täter, die sich im Dienste Gottes auf schändlichste Weise an Kindern und Jugendlichen vergangen haben, und darüber, wie er die Verursacher des Leidens vor der weltlichen Gerichtsbarkeit geschützt hatte.
Knapp drei Wochen nach seiner Rückkehr aus seiner Auszeit hatte Kardinal Woelki am Montag, den 21.03.2021, seinen ersten öffentlichen Auftritt absolviert. Nein, nicht

am Altar Gottes vor Unbelehrbaren und Kardinalsrockabbusslern. Er steuerte einen großen Bagger, mit kleinem Zeug gibt der sich nicht ab, und schaufelte Sand weg. Vermutlich versuchte er endlich und endgültig den kirchlichen Dreck, den Dreck vor und in der Kirche, der sich viele Jahre im Verborgenen angehäuft hatte, wegzukarren. Danach vollzog er einen symbolischen ersten Spatenstich im Stadtteil Köln-Kalk, wo viele Menschen mit Migrationshintergrund leben. Dort baut das Erzbistum Köln einen Bildungscampus für Kinder und Jugendliche. Ach nein, schon wieder ein Pool voller lieblicher Goldfische, in dem Raubfische wildern, wenn ihnen nach einem schmackhaften Häppchen ist. Herzhaft fein für die verwöhnte und bessere (kirchliche) Gesellschaft.

Jetzt die alles entscheidende und für im Kirchenamt bleibende Frage für die Sünder des Klerikalenverbundes: Warum durften sie in Amt und Würden bleiben? Ganz einfach, das Covid-19-Virus tötete auch Priester. Und jetzt dann auch noch Priester in höheren Ämtern zu entlassen, nein, das konnte sich der Papst nicht erlauben. Er brauchte seine Schäfchenhüter und seinen Hofstaat. Ja, das Covid-Virus schützte vor einem Rausschmiss aus dem Priesterbund und hielt den Papst seine Diener.

Wer mehr darüber lesen möchte, der öffne bitte im Internet den Link, den ich beigefügt habe.
https://de.yahoo.com/nachrichten/kardinal-woelki-bleibt-im-amt-aber-mehrmonatige-auszeit-093538850.html

Es gibt Bischöfe, die offene Worte den Missbrauch betreffend kundtun. Einer davon ist der Erfurter Bischof Ulrich Neymeyr. Er hat die Rolle der katholischen Kirche beim sexuellen Missbrauch scharf kritisiert. Das Entsetzen über die Missbrauchsfälle und auch den Umgang der Verantwortlichen mit Beschuldigten und Betroffenen sei berechtigt, so seine Worte. Weiter sagte er: Es gibt daran nichts zu beschönigen. Ja, ihm hat der Virus nicht das Gehirn matschig gemacht. Er hat den klaren Blick beibehalten. Einen Blick für das, was in der Kirche schon seit vielen Jahren, seit Generationen falsch und extrem sündenhaft abläuft und für das nun die Kirche ihre Strafe mit erhobenem Haupt entgegennehmen muss. Katholische Amtsträger hätten schwere Schuld auf sich geladen und die Kirche sei dadurch eine sündige Kirche geworden, so seine treffenden Worte. Das nicht wahrzunehmen, sei die tiefste systematische Ursache des Missbrauchsgeschehens in der katholischen Kirche.
Mit dem folgenden Link untermauere ich die Worte des Bischofs.

https://www.zeit.de/news/2021-09/19/bischof-kritisiert-rolle-der-kirche-bei missbrauchsfaellen?utm_referrer=https%3A%2F%2Fr.search.yahoo.com

Das Fähnchen im Wind

https://de.nachrichten.yahoo.com/papst-missbrauchsopfer-wichtiger-ruf-kirche-143412525.html

Papst Franziskus, das Fähnchen im Wind, hat im September 2021 in einer Videobotschaft aufgerufen, bei der Aufarbeitung von Missbrauchsskandalen sich nicht durch die Sorge um den Ruf der Katholischen Kirche beeinflussen zu lassen. Sehr seltsam. Er ist es doch, der sich um den Ruf seiner geheiligten Kirche Sorgen macht. Er lässt hohe Kleriker im Amt, die ihren Dienst nach Fehlverhalten beenden wollen, nicht von der kirchlichen Kette. Sie müssen bleiben, denn wenn er einen oder mehrere seiner Mitarbeiter gehen lässt, die freiwillig zurücktreten wollen, weil sie Schaden an anderen begangen haben, würde es nach außen wirken, als wenn er Sünder, was sie auch sind, aus dem Kirchenschoß entlässt. Das wäre ein Eingeständnis, dass der Ruf seiner geliebten Kirche Schaden genommen hat. Und ihm ist der Ruf seiner Kirche wichtiger als das Leid derer, die unter Klerikern viel Böses erleiden mussten und noch immer darunter leiden.
„Nur wenn wir uns der Realität dieser furchtbaren Vorkommnisse stellen und demütig um Vergebung bei den Opfern und deren Angehörigen bitten, kann die Kirche einen Weg finden, um wieder ein vertrauensvoller Ort der Zuflucht und Sicherheit zu sein für die Notleidenden."
Ja, das sind des Papstes Worte.

Die Menschen, die in der Kirche durch die Hölle gegangen sind, weil sie geschlagen und missbraucht wurden, werden

ganz sicher die Kirche nicht mehr als Zufluchtsort aufsuchen, und wenn der Papst und seine Klerikerbrüder noch so sehr (heuchlerisch) in Demut um Vergebung bitten. Weiter sagte er: „Unsere Fehler und unser Versagen eingestehen kann uns verletzlich und schwach fühlen lassen.“
Das waren die Opfer auch. Was soll das Geschwätz von „verletzlich“ und „schwach fühlen lassen“? Hat er bei diesem Satz an die Verletzlichsten und Schwächsten, die Kinder und Jugendlichen gedacht, als er das sagte? Nein, er meinte seine Mitbrüder. Weiter sagt er: „Aber es kann auch zu einer Zeit wunderbarer Gnade, der inneren Reinigung, die uns neue Horizonte öffnet für die Liebe und den Dienst aneinander führen.“ Meinte er damit, dass die Opfer Gnade gegenüber den Tätern walten lassen sollten? Den Verbrechern die Sünden mit Reinigungsmitteln wegwischen? Ihnen so die Taten vergeben? Glaubte er tatsächlich, dass die Missbrauchsopfer die sein sollen, die den Übeltätern Absolution erteilen sollen? Weiter sagte er: „Wenn wir unsere Fehler eingestehen, haben wir nichts zu fürchten.“ Aha, mal so ganz einfach gestehen, dass man (fürchterliche) Verfehlungen begangen hat, und schon ist man seine Sünden los, oder wie soll ich das verstehen? Das päpstlich Gesäuselte nenne ich klerikal/vatikanische Rabulistik.

Auf wessen Seite steht der Papst eigentlich? Diese Frage ist ganz einfach zu beantworten. Auf der Seite seiner (Pharisäer) Brüder. Besonders der hohen Prälaten. Die niederen Prediger sieht er, wenn es gar nicht mehr anders geht, als Bauernopfer. Die lässt er wegschaffen, wenn es darum geht, mal unter den Kirchensündern aufzuräumen, die dem Geiste des Vatikanbosses zuwiderhandelten oder sich auf übelste Weise an anderen vergangen haben. Bei den Bischöfen handelt er mit sanfter Hand, weil er diese seine Bürokraten braucht, um seine Macht und die der Kirche zu erhalten. Er ist nicht auf der Seite der Kinder, Jugendlichen und Eltern, die der Kirche vertraut haben und bitter von ihr enttäuscht wurden. Er kann ja schlecht auf zwei Veranstaltungen gleichzeitig predigen und Sünden vergeben oder Sünder verdammen. Er redet oft und gerne schöne, einlullende Worte, doch ist es nur ein Spiel mit den Menschen, die Böses durch die Kirche erleiden mussten. Für ihn kommt zuerst er, dann seine Kirche und … irgendwann … niemand mehr.

Die Kirche hat höllische Angst, das Gesicht zu verlieren. Ebenso vor dem Verlust ihres Schutzes und der Sicherheit vor Strafverfolgung durch den Staat. Der einzige Schutz, den sie haben, ist die geheiligte katholische Institution in Rom, und auf die bauen sie vertrauensvoll, um Schaden von sich zu halten.
Schade, dass in der Zeit des Coronavirus, das für viel Leid gesorgt hat, nicht ein Umdenken in der Kirche stattgefunden hat, wie man den Menschen wirklich nahekommt, um ihnen zu helfen und denen man nicht nur einen Schein von Anteilnahme und Hilfe zukommen lassen hat. Wie immer, so auch jetzt und in der Zukunft denkt die Kirche nur an sich selbst. Anderes interessiert sie nicht. Mag jetzt hart klingen, ist aber meine Meinung zu dieser Kirche, die voller Liebe ist – jedoch nur zu sich selbst.

Hilfe, wir haben nichts mehr zum Saufen

https://www.katholisch.de/artikel/29533-so-leiden-deutschlands-klosterbrauereien-unter-der-corona-pandemie

Deutschlands Klosterbrauereien leiden unter der Corona-Pandemie. Ihnen gehen die (kirchlichen) Säufer aus, oder? Geschlossene Gaststätten und abgesagte Volksfeste hatten den Bierabsatz in Deutschland zuletzt einbrechen lassen. Viele Brauereien litten massiv unter den Corona-Einschränkungen. Das galt auch für die wenigen noch von Orden geführten Klosterbrauereien. Tja, dann hätten die Ordensbrüder mehr saufen und dafür zahlen müssen. Das hätte den Umsatz steigern und die Kirchenoberen erfreuen können. Mancherorts rettet man so den Fortbestand der Klosterbrauereien. Wenn‘s gar nicht hilft, dann steigt man auf das Saufen von Wein um. Ein ähnliches Bild wie auf dem Kreuzberg zeigte sich auch im oberbayerischen Kloster Scheyern. Pater Lukas Wirth sprach mit Blick auf die Pandemie von einem „massiven Umsatzrückgang“ von bis zu 60% in der klostereigenen Brauerei. Na ja, dann brennt man halt 60%iges, um die Säufer umkippen zu lassen oder damit sie die Predigen in der (Kloster)Kirche überleben – im Schlummerschlaf – Amen. In anderen kirchlichen Brauereien war das Jammern nicht weniger zu hören.

Ungebetene Gäste

Es gibt Länder, in denen sind die Christen in ihren Kirchen nicht immer gern gesehen. Schon gar nicht, wenn sie mit einem Serum gespritzt wurden, welches gegen Covid-19-Auswirkungen helfen bzw. schützen sollte. Ein Beispiel dafür gibt es auf der Insel Kreta. Zu lesen unter: https://hpd.de/artikel/griechenland-priester-verweigern-geimpften-kommunion-19502
Hier ein kleiner Auszug aus dem Inhalt, den man über den Link komplett lesen kann.

Dort (Kreta) haben einige Geistliche, die zusätzlich auch Impfgegner/innen sind, den geimpften Gläubigen die Kommunion verweigert. Deren Begründung hat es in sich: Die Geistlichen gehen davon aus, dass die Injektion von Impfstoffen gegen Covid-19 es dem "Antichristen" ermögliche, in den Körper der Gläubigen einzudringen. Eine hierdurch vermeintlich auftretende "Verunreinigung" soll demnach ein Ausschlusskriterium sein, welches rechtfertige, die Kommunion zu verweigern. Um eine Kommunion zu verweigern gibt es außer dem Coronavirus noch viele andere Gründe. In der Mehrzahl sind es kirchliche Gründe wie Heuchelei, sexuelle Übergriffe, Prügel und noch vieles mehr. Siehe dazu die 10 Gebote, an die sich ein Großteil der Priesterschaft und seine buckelnden Diener nicht halten. Und ich hab immer gedacht, die Kreter kümmern sich nur um ihren ausnehmend stattlichen „Kretischen Stier“. Weit gefehlt, die Christen haben auch die Kreter in ihren Bann geschlagen. Nur so erklärt sich das seltsame Verhalten, wie man eben gelesen hat.

Schild dran, Schild ab, Schild dran

Um etwas abzulenken, hier nun etwas echt Witziges. Es geht um eine neue Religion, die sich neben den etablierten ihren Platz schaffen möchte. Es geht um die humoristische Glaubensgemeinschaft „Kirche des fliegenden Spaghettimonsters e. V.“. Hier schon mal ein kleiner, aber feiner Eindruck über die neue und schmackhafte Kirche der geheiligten Nudeln und die großen Amtskirchen der Bundesrepublik Deutschland.

https://www.tagesspiegel.de/berlin/uckermark/spaghettimonster-messen-in-templin-schild-dran-schild-ab-schild-dran/11054940.html

Selbst die BBC und Medien aus China verfolgen den Streit in Templin zwischen Kirchen und der Satire-Religion des fliegenden Spaghettimonsters. Erst hat die Behörde die Nudelmessen-Schilder abgehängt, dann schraubte sie Initiator Rüdiger Weida wieder an. Nun will man ein gemeinsames Nudelsüppchen kochen.

Das Fliegende Spaghettimonster (englisch Flying Spaghetti Monster, kurz: FSM) wurde vom amerikanischen Physiker Bobby Henderson als Gottheit erdacht. Nicht schlecht. Ein neuer Gott tut den Menschen gut. Mittlerweile gibt es weltweit rund 30 Millionen Anhänger der Pastafari-Nudel-Religion.
Sie wollen mit ihrer Glaubenslehre den sogenannten Kreationismus karikieren. Ach, Spaß ist immer gut. Ich liebe Spaß, warum nicht mal auf Kosten der etablierten Religio-

nen? Dafür hat die Kirche in der Coronazeit die Zeit gehabt, um diese neue, diese leckere Religion in die Tonne kloppen zu wollen. Nicht mit mir – Spagettus Alecsus.

Die Hinweisschilder auf die „Nudelmesse“ der „Kirche des fliegenden Spaghettimonsters e.V.“ wurden immer wieder abmontiert. Daraufhin erstattete der Gründer der Satirereligion Anzeige bei der Polizei wegen Diebstahls. Recht hat er, man darf sich nicht alles gefallen lassen. Der Landesbetrieb für Straßenwesen musste die Schilder an den Besitzer, der sich „Bruder Spaghettus“ nennt, herausgeben. Der schraubte sie gleich wieder an. Die Kirche in dieser Gemeinde regte sich fürchterlich auf, doch es gab zum Missfallen der Kirchen eine generelle Genehmigung der Straßenmeisterei.

Die „Nudelmessen“ mit knoblauchgewürzter Tomatensoße finden immer freitags um 10 Uhr statt. Und wer keinen Knoblauch mag, der kann je etwas geriebenen Parmesan dazugeben. So breitet sich ein neues Virus aus, das schmeckt und gute Laune macht. Und mit einer deftigen Tomaten-Knoblauchsoße kann man vielleicht auch das Covid-19-Virus vertreiben. Ob das auch bei den großen Kirchen der BRD geht? Mal ausprobieren. Mal sehen, wer am Ende die meisten Gläubigen hat.

Das war ja mal ein echter kirchlicher Schildbürgerstreit. Ja, wenn die großen Kirchen sich angegriffen fühlen, dann begehen sie kirchliche Streitexzesse. Und wenn dabei die Ortsschilder fliegen. Das macht ja nichts, das stört sie nicht. Hauptsache, der „wahre Glaube“ bleibt bestehen. Ganz wichtig, auf den Ortseinganschildern – mit Angaben der Uhrzeit der hl. Messe(r)n.

Sündenvergebung unter vatikanischen Auflagen

https://www.dw.com/de/katholische-kirche-erlässt-gläubigen-corona-infizierten-ihre-sünden/a-52863725

Gläubigen, die an Corona erkrankt sind, soll verziehen werden, wenn sie zuvor einige Bedingungen erfüllen. Welche? Sich dem Priestermann Untertan machen? Sich ihm ganz und total offen zeigen? Nein, sich nicht die Blöße geben. Man versteht?
Nach Angaben des Vatikans mussten sie unter anderem weiterhin an Gottesdiensten teilnehmen – aber nur online. Übersetzt heißt das: „Schau ja, dass du mit deinem Drecksvirus zu Hause bleibst."
Nach einem vom vatikanischen Gericht veröffentlichten Erlass mussten die Betroffenen unter anderem an digitalen Andachten teilnehmen, um ihren „Geist völlig von der Sünde gelöst" zu haben. Ich dachte, man löst die Sünde vom Geist (Gott), dem Guten. Auch die Bibellektüre kann demnach Sünden streichen, wenn sie „mindestens eine halbe Stunde" umfasst. Aha, ein heiliges Buch mit einem Lösungsmittel gegen die Sünden. Terpentin vielleicht? Da kam mir plötzlich die Frage, wie Gläubige zu Sünden kommen, wenn sie sich doch an die Gebote Gottes halten. Wer Sünden begeht, manche in der Zahl sehr hoch, ist kein guter Christ. Er spotte Gott durch sein Verhalten, dem Schlechten. Und so einer, eine, darf in der geheiligten Gemeinschaft bleiben? Ja, das dürfen sie. Viele ihrer Herren sind keine guten Beispiele für ihre Knechte. Wie will nun ein Priester das Lesen der Bibel, um das geht es doch, überwachen bzw. feststellen, dass die vielen Sündenverge-

bungssuchende auch ganz brav diesen vatikanischen Forderungen nachkommen bzw. nachgekommen sind? Ich behaupte, dass das denen shitegal ist. Hauptsache er oder sie kommt nicht mit Krankheiten, die aus der Hölle gefördert sind, in das Haus Gottes, indem ich meine Seltsamkeiten predige.

Absolution erhalten laut dem Erlass auch alle Katholiken, die sich unter der Gefahr einer eigenen Ansteckung um Corona-Patienten kümmerten. Klar, wenn die Unheiligen der Kirche sich um Kranke kümmerten, dann mussten sie nicht in das Virusgebiet gehen und sich der Gefahr einer Ansteckung aussetzen. Dann lieber jemand anderes und den konnte man mit Sündenbefreiung ködern. Hauptsache man selbst wurde nicht angesteckt. Aber auch denjenigen, die ausgiebig für die Erkrankten und ein Ende der Pandemie beten bzw. gebetet haben, versprach man Sündenvergebung. Dieses (falsche) Versprechen der Kirchenmächtigen des Vatikans sagt mir, dass sie wissen, dass sie sündenbeladene Schafe in ihrem Heer der Gläubigen haben.

Sterbende, die „im Laufe ihres Lebens regelmäßig einige Gebete gesprochen haben“, wurden ebenfalls von ihren Sünden freigesprochen, wenn sie dies wünschten. Bei dieser „Forderung“ verschlägt es mir jetzt echt den Atem. Warum? Nun, weil die Herren Kleriker andere für sich in den „Tod“ schickten oder gleich zum Teufel jagten. Gut, dass es himmlische, fast unsichtbare Helferlein gibt und gab, die die Drecksarbeit übernehmen und übernommen haben … wenn auch diese „Sendung“ (Tod und Teufel) auch nicht immer sofort erledigt wird. Und wenn es jemanden erwischt hat, dann bekommt und bekam er den Segen der Sündenfreisprechung – online und rückwirkend – natürlich. Kann ja sein, dass der fast Tote, wenn der Segensspender an ihn herantrat, ihm sonst noch seine Wut ins Gesicht kotzte.

In einer weiteren Erklärung des Vatikans hieß es, in den am schwersten von der Corona-Pandemie betroffenen Gebieten könne künftig die Absolution auch „kollektiv“ und ohne vorherige individuelle Beichte erteilt werden. Als Beispiel schlug der Heilige Stuhl vor, die Sünden per Lautsprecher vor dem Eingang von Krankenstationen zu erlassen, in denen kranke und vom Tod bedrohte Patienten lagen. Ja, nicht nur der Muezzin schreit seine Rufe in den offenen Raum. Nun auch unsere Feiglinge aus dem Klerikerverbund. Und dann auch noch vor den Krankenhäusern und Alten-/Pflegeheimen. Wollten die Kirchenplärrer die Alten und Kranken so dermaßen erschrecken, dass sie gleich vor Schreck und Angst verrecken?

Wie die Kirche Geschändete (öffentlich) verarscht

https://www1.wdr.de/nachrichten/rheinland/bussgottesdienst-erzbistum-koeln-100.html
https://www.nrz.de/politik/erzbistum-bekennt-in-bussgottesdienst-schuld-fuer-missbrauch-id233874009.html
https://www.aachener-nachrichten.de/nrw-region/bistum-glaube/umstrittener-bussgottesdienst-zum-missbrauchsskandal_aid-63866377
https://www.faz.net/aktuell/politik/inland/ich-kann-mich-nicht-fuer-die-taeter-entschuldigen-17640819.html

Als wenn die Coronapandemie nicht schon genug Leid verursacht hatte, verursachte man noch zusätzliches Leid an denen, die unter dem zugefügten Leid, dem Missbrauch durch Geistliche, zu leiden hatten. Das Grauen der Vergangenheit wurde durch eine scheinheilige Inszenierung im Kölner Dom auf das Brutalste in den Fokus der Geschändeten gepusht. Sind die Diener Gottes denn nur noch blöd? Hat sie das Covid-19-Virus so marode in den Köpfen werden lassen, dass sie einen Bußgottesdienst abhalten mussten, um die Gepeinigten ruhig zu stimmen? Das dachten sie ganz sicher. Genau das Gegenteil wurde von der Täterorganisation (ein Begriff, der nicht von mir stammt) bewirkt. Hier scheint das Virus die Oberhand, die Herrschaft über das Handeln und Denken der Klerikalen übernommen zu haben. So ist es nicht, denn dann würde man denen eine Freisprechung für dieses Schauspiel zukommen lassen. Das will ich ganz sicher nicht, – denn sie wussten, was sie taten – und das rücksichtslos. Das Virus jedoch war gut als Begründung zu gebrauchen, um sich zu schützen. Motto: Das Coronavirus ist an unserem Handeln schuld. Auch in der Vergangenheit. Klar, die Dummen, das sind alle, die keine Priester sind. Sie schenken sofortigen Glauben und sofortiges Vergeben. Ja, klar, ich glaub es euch auch, das Virus ist schuld an eurem dreckigen Handeln – an den jungen Menschen (Opfern), an denen ihr in eurer Schandhaftigkeit riesigen Schaden angerichtet habt. Er ist es, der euren Geist und das Verlangen nach Befriedigung gesteuert hat. Damit gibt's einen Freispruch in allen Anklagepunkten und weiter freies Handeln, wie es euch juckt.

In einem nicht öffentlichen Bußgottesdienst hat das Erzbistum Köln am 18.11.2021 die Schuld der Kirche beim sexuellen Missbrauch durch Priester anerkannt. Hat euch das Killervirus Corona das eingeflößt zu sagen? Oder kam es von euch selbst, dass ihr das öffentlich zugegeben habt? Jetzt kommt's. Gottesanbetende Heuchler haben sich mokiert, als Kirchenmänner ein Geständnis ihrer Fehlerhaftigkeit schlimmster Art zugegeben hatten. Das stieß bei vielen dieser Heuchler, den katholischen Kirchenfanatikern, auf viel Kritik. Klar doch, denn damit wird dieses Dienerklientel als fehlbar im Sinne der Anklage für alle sichtbar hingestellt und gebrandmarkt – mit einem extra heiß geschmiedeten Kreuz für die Täter an dessen leiblichen „Sünder".
Lieber hätte ich einen anderen, einen aussagekräftigeren Begriff verwendet, doch hier musste ich mich schon sehr zurückhalten, um meiner Wut nicht freien Lauf zu lassen. Weihbischof Steinhäuser bekannte, dass er versucht habe, die (sündige) Kirche zu schützen, und dabei die Betroffenen nicht im Blick gehabt habe. Immerhin etwas,

was man richtig erkannt hat. Doch die Schlauen der Kirche hätten das voraussehen müssen, dass man die Betroffenen nicht in den Mittelpunkt der Bußmesse gestellt hat. Das hatte man sicher auch nicht vor, oder? Nein, der Fokus richtete sich auf die Kirche in der Hoffnung, ihr unsichtbarer Gott nehme die Sündhaftigkeit von ihrer Schulter.
Nun, das ging wie ein heißer Furz nach hinten los. Man merkte auch von denen, die nicht zu der Messe zugelassen waren, dass es der Kirche nur um die Loslösung ihrer vielen Verbrechen an den missbrauchen Kindern, Jugendlichen, den Schutzbefohlenen allgemein ging. Hier irrt der Priestermann, wenn er sie alle denken lässt, dass man das nicht bemerken würde. Da können sie noch so viele Kerzen anzünden und das Licht dimmen, um ihre Schandtaten zu verbergen und in Weihrauch zu verhüllen. Der klare Verstand aber lässt erkennen, was die Kirche an bösen Spielen treibt und getrieben hat – weltweit. Und an diesem Tag mit dieser scheinheiligen Bußmesse, mit den Betroffenen des Grauens, welches über sie in ihrer frühesten Jugend kam.

Patrick Bauer, früheres Beiratsmitglied des Erzbistum Köln fragte: „Haben die dem Bistum bekannten Täter auch eine Einladung bekommen? Wenn ja, wie wird man dies den Betroffenen vermitteln wollen, wenn sie dort auf ihre Täter treffen. Wenn nein, wieso nicht? Denn sie sind es schließlich, die eine Buße zu leisten hätten.“ Ist jemand von denen, die Buße tun sollten gekommen? Nein, die verschanzen sich lieber. Oder wurden sie von ihren Kirchenoberen angewiesen, nicht zu kommen? Befürchteten diese, dass es zu einer gewaltvollen Auseinandersetzung im Dom führt? Vermutlich ja.

Wie man es sieht und liest, ist dies wieder ein Paradebeispiel dafür, wie es die Kirche schafft, sich auf den Olymp der Dummheit zu begeben. Eine Neuheit ist der Bußgottesdienst für Geschändete gewiss. Na toll. Hier geht es um Buße für die vielen von Priestern geschändeten Menschen, als diese noch nicht in der Lage waren, sich gegen Übergriffe zu wehren. Diese Bußmesse am 18.11.2021 wurde als Angebot seitens der Katholischen Kirche deklariert. Was für ein Angebot sollte das sein? Was wurde von der Kirche angeboten? Ein verfrühtes Nikolaussackerl mit Nüssen und einer großen Zuckerstange, sowie mit Zuckerguss gespritzten Weihnachtsplätzchen auf geweihten Oblaten? Oder eine Portion des Coronavirus – kostenfrei?

Mal ehrlich, wo ist und war die Nachfrage für solch perverses Schauspiel einer inszenierten Bußmesse? Bei den Geschändeten ganz sicher nicht. Die wären schön blöd gewesen, sich in die Räume des Grauens freiwillig zu begeben, in denen es vor Heuchlern und Sündern nur so brummt und muffelt. Scheinheiliges Gebetsgemurmel, eingehüllt in heimeligen Kerzenschein, sollte die „armen Teufel" hereinlocken, um sie, und das ist meine ureigenste Meinung, geistig so mürbe zu machen, dass man sie dazu bringt, ihren Schändern zu vergeben. Am besten wäre es gewesen, wenn diese auch noch gestanden hätten, dass sie an dem, was ihnen angetan wurde, selbst Schuld tragen. Dass sie die Versuchung des Teufels waren, aber auch aus eigenem Willen sich dem Priester anboten – in der Dusche zum Beispiel.

Nun, die Messe ist gelesen und die Täter laufen noch immer frei herum, um sich neue Opfer für ihren perversen Spaß zu suchen. Niemand von denen, die anderen deren Leben und Seele zerstört haben, war in der heuchlerischen Bußmesse im Kölner Dom. Und der Hausherr befand sich in (s)einer Auszeit in einem Priesterseminar, bei den jungen Seminaristen in Eichstätt. Priesterseminar – huch, da keimen bei mir aber schon viele böse Gedanken hoch.

Wie sagte man seitens der Kirche? „Wir bekennen unsere Schuld". Ja, wenn das so ist, dann ist das ein Eingeständnis ihrer vielen grausamen Vergehen an Schutzempfohlenen. Dann hätte man nach der Bußmesse die Verursacher von immer anhaltendem Leid in den Knast bringen können. Messe aus, Handschellen drauf und ab in die grüne Minna hinter dicke Mauern. Hat man dann die Verbrecher dingfest gemacht? Nein, ging nicht, weil keiner dieser Verbrecher anwesend war. Und was geschah mit den Peinigern? Wie ging es weiter? Was machte der „König" des Erzbistum Köln? Blieb er in Eichstätt im Priesterseminar? Nein, das blieb er nicht, aber in Köln wollten sie ihn auch nicht mehr haben. Armer Mann.

Der 18. November, an dem der Gottesdienst abgehalten wurde, ist der europäische Tag zum Schutz von Kindern vor sexueller Ausbeutung und sexuellem Missbrauch. Schließt man hier auch die Kirche, was den Missbrauch angeht, mit ein? Schließlich sind es in einer hohen Anzahl kirchliche Beschäftigte im Priesteramt, die sich an Kindern und Jugendlichen auf das Schlimmste vergangen haben.

Ja, wann lassen sie endlich die notgeilen Finger von den Kindern und Jugendlichen und den Schutzbefohlenen allgemein?

Verschwörungsmythen – ein Kardinalsfehler

https://www.br.de/nachrichten/kultur/kardinal-gerhard-ludwig-mueller-verbreitet-erneut-corona-verschwoerungsmythen,SrTeQ2x

Erneut war der frühere Regensburger Bischof mit Verschwörungsmythen und mit seltsamen und provokativen Aussagen gegen die Corona-Maßnahmen aufgefallen. Wie in alten, kirchlich niederbayrischen Zeiten halt. Und da gab es noch kein Covid-19-Virus.

Kardinal Müller sprach bei seinen wirren Verschwörungsmythen über eine angeblich geplante Gleichschaltung der Menschen und einen Überwachungsstaat, der sich verbreitet. Hat er den Vatikanstaat gemeint? Bei dem weiß man nie so genau, was er meint – vermutlich er selbst auch nicht. Für ihn stecke, so sagte er in einem Interview, hinter den Maßnahmen, die man ergreift, um die Corona-Pandemie in den Griff zu bekommen, eine finanzkräftige Elite. Meinte er das riesige Gebilde der Katholischen Kirche, insbesondere den Vatikan mit den vielen mächtigen Bischöfen, Erzbischöfen und Kardinälen, die oft schon debil verwirrtes Verhalten zeigen? Was sie selbst nicht merken und nie zugeben würden? Die Gier nach Geld ist für viele von ihnen stärker ausgeprägt als der Glaube zu Gott – ihrem Gott. Genau genommen fehlt es ihnen an einem unsichtbaren Gott. Geld und die damit verbundene Macht ist für sie greifbar. An zwei Gottheiten zu glauben ist ihnen zu anstrengend. Einen goldenen Esel oder Ochsen, ja, den kann man anbeten. Schlimm ist nur, dass Typen wie

Kardinal Müller über andere herziehen, er jedoch selbst einer der Mächtigsten in der Kirche war. Hier lege ich auf das Wort „war“ wert. Sicher stört er sich daran, dass er nicht mehr zu diesem elitären Kreis gehört. Um seinen Frust loszuwerden, schimpft er nun wie ein Regensburger (Dom)spatz auf die, die das Coronavirus bekämpfen. Was will der alte und mittlerweile verwirrte Mann eigentlich? Er soll froh sein, dass man ein Mittel gefunden hat, das auch sein (schäbiges) Leben rettet. Warum eigentlich? Wäre es nicht besser, wenn dieser Oldie nie wieder Unsinn quatschen könnte? Nicht nur dämliche Worte über angeblichen Chip im Körper, die die Menschen steuern sollen. Apropos „steuern“, ist er nicht selbst in seinen frühen Tagen in der Priesterausbildung zu einer ferngesteuerten Marionette gemacht worden? Haben da nicht andere an den unsichtbaren Fäden gezogen, die ihn wie einen Kirchenzombie herumlaufen lassen haben? Nun, die, die die Fäden im Hintergrund ziehen, sind selbst ferngesteuert und mit Weihrauch vernebelt. Da braucht es kein Coronavirus und ein Gegenmittel (mit Chip), welches man in den Popo spritzt. Bei Typen seines Schlages, davon gibt es reichlich, hilft kein Mittel, was den Menschen gesund hält oder wirre Verschwörungsmarktschreier (wieder) gesund macht.

Weiter sagt Kardinal (Bäckerbursche) Müller: „Ein Überwachungsstaat soll etabliert werden.“ Was will er denn? Er selbst lebt doch in einem Konstrukt, das seine Mitglieder überwacht und aushorcht. Ich sage nur: „Der Beichtstuhl, das Geheimdienststüberl des Vatikans.“ Da muss er nicht auf die Pauke hauen, um von seinen Dienstherren abzulenken.

Hier nun weitere Worte aus dem Munde eines Unbelehrbaren. Leute, die auf dem Thron ihres Reichtums sitzen, sehen jetzt eine Chance, um ihre Agenda durchzusetzen. Es gebe ein gewisses Chaos, auch geboren aus dem Willen, die Gelegenheit zu nutzen, die Menschen jetzt gleichzuschalten, einer totalen Kontrolle zu unterziehen, einen Überwachungsstaat zu etablieren.

Das katholisch-konservative „St. Bonifatius Institut“ aus Österreich hat von dem Gespräch mit dem früheren Chef der Glaubenskongregation ein 2:19 Minuten langes Video getwittert. Klickt mal ins Internet und schaut mal rein.

Wenn man das liest, was Müller gesagt hat, dann sollte man sich doch fragen dürfen, ob das Coronavirus, welche Mutation auch immer bei Kardinal Müller eingeschlagen ist, irreparable Schäden im Oberstübchen hervorgerufen hat, ohne dass er das selbst bemerkt hat.

Weiter geht es mit dem Gesagten des Müllermann. Er benutzte den Begriff der Gleichschaltung und zog damit einen Vergleich zum Nationalsozialismus. Nein, das kommt nicht von mir, das kommt von anderen.
Weiter sagte er, er wolle eigentlich nicht geschaffen und erlöst werden von Leuten wie dem Microsoftgründer Bill Gates oder Klaus Schwab, dem Chef des Weltwirtschaftsforums in Davos. Im nächsten Atemzug folgt sogleich, dass er nicht nach ihrem Bild und Gleichnis erschaffen werden möchte. Ist das, was er verkörpert, wirklich besser?

Diese und noch andere kruden Aussagen stammen nicht nur von Querdenkern, was an sich schon schlimm ist, sondern von Gerhard „Lucky“ Müller, seine Eminenz von Gottes Gnaden. Ja, das hätte er gern. Doch was ist er wirklich, dieser gottesfürchtige Kardinal und Verharmloser, so wie Vertuscher von sexuellem Missbrauch und Gewalt an Kindern und Jugendlichen, als er noch Chef im Bistum Regensburg war? Eine Scheinfigur Gottes? Hat man denn nicht in Regensburg den singenden Kindern die Flügel mittels Prügel und geschmissenen Stühlen gestutzt? Ihnen mit schwingendem „Schlagstock“ die passenden Gesangstöne herausgequält? Pfiffen das nicht die Spatzen von den Dächern und Kirchtürmen in die Welt hinaus?
Berühmt und berüchtigt, was bestens bekannt ist, war Müller auch für seinen empathielosen Umgang mit Missbrauchsopfern in seinem Bistum im schönen Niederbayern. Mit demütigenden Schreiben und massenhaften Klagedrohungen ist er gegen die Missbrauchsopfer gnadenlos und rücksichtslos vorgegangen, die sich aus seiner Sicht erdreisteten, ihn um Geld zu „bitten“, für das, was seine kirchlichen Mannen, seine Dienerschaft, an Grauen den Kindern und Jugendlichen in vielen Jahren angetan hatten. Ja, wo kämen wir denn dahin, etwas Böses denken, wenn jeder Dahergelaufene von der heiligen Kirche und der prall gefüllten Geldschatulle des Bischofs Geld heraus zwacken möchte? Bei jedem Bittsteller, der Geld für priesterliche Untaten (sexueller Missbrauch und schwerste Prügelstrafe) erlitten habe, soll man Geld zahlen? Nein, das geht ja gar nicht, das macht ja die liebe geheiligte Kirche arm … und den Kirchenfürsten Müller auch. Sollte man mit Kardinal Müller Mitleid haben, weil er in seinem Alter so wirr ist?

Nein, ganz sicher nicht. Wer so extrem Unsinniges und menschenlebenverachtendes wie das in der Coronazeit sagt, den darf niemand bemitleiden. Bitte macht das nicht. Das würde nur seine himmelschreiende Borniertheit steigern. Mit der Erlaubnis, weiter Quatsch erzählen zu dürfen. Haben wir nicht schon genug von Querdenkenden und deren Narrengequassel gehabt? Ich brauch und will das nicht mehr hören oder lesen – Amen. Das Credo daraus lautet: Corona schützt nicht vor … Dummschwätzerei. Und jetzt noch eine Frage, die sich mir bei dem, was ich über den vatikanischen Müllermann gelesen habe, stellt: Gibt es im Vatikanstaat eine Psychiatrie? Eine Spezialabteilung für besonders harte Fälle aus den Reihen der Prälaten, die nicht mehr wissen, was sie sagen? Gleichfalls frage ich mich, ob es eine Heil- und Unterbringungseinrichtung in den Katakomben des Vatikans gibt, um Fehl- und Wirrgeleitete des Klerus vor eigenem Schaden zu bewahren? Wo sie frei schreien, herumschlagen und seltsame Gebete für den lieben Gott säuseln können. Wie könnte eines lauten? „Lieber Gott, vergib mir, denn ich weiß nicht mehr, was ich mache.“ Gottes Antwort: „Ja, das weiß ich, das geht schon seit deiner Priesterausbildung so. Dir kann ich nicht helfen, seit du in der Hauptsache für den Vatikan arbeitest. Du bist unbelehrbar und nicht zu therapieren. Eine Heilung ist ausgeschlossen. So, und jetzt lass mich in Ruhe.“

Wer soll das sein, der diese Armen im Geiste des Herrn behandelt, wenn ihr Gott schon nicht hilft? Mit Weihrauch und Gebeten wird man bei Vatikanisten und klerikalem Anhang außerhalb der Vatikaneinmauerungseinrichtungen, in der Mehrzahl zumindest, nichts erreichen, das ist selbst mir klar. Denen auch? Und was geschieht mit jenen Ärms-

ten, die Covid zu geistigen Krüppeln gemacht hat? Wie werden die … weitergebracht? Schön ist es, dass das Virus auch vor Gottesanbetern nicht Halt macht. Hier zeigt sich, dass die Priestergesellschaft auch nur Menschen sind – mit seltsam überhöhtem Anspruchswahn, etwas Besseres zu sein als die Allgemeinmenschheit. Hier sollte man meinen, dass Covid-19 oder Omikron bei anderen Geimpften keinen Schaden anrichtet. Müller wurde vom Papst im Juli 2017 von seinem Posten als Präfekten der Römischen Glaubenskongregation entbunden, und das ohne Vorwarnung. Hierzu sagte der Papst, freundlich ausgedrückt: „Kardinal Müller ist wie ein Kind. Er hat gute Absichten, ich, der Papst mag ihn, er ist gut, aber er ist wie ein Kind.“
Was dann vier Jahre später des „Schwebens im kirchlichen Niemandsland“ erfolgte, ist für viele Kirchenangehörige, aber auch Laien nur noch bizarr. Kardinal Müller wurde im Juni 2021 vom Papst zum Richter am Obersten kirchlichen Gerichtshof ernannt. Wenigstens hat er ihm nicht den obersten Richterposten zugeschustert. Für mich ist dieser neue Job mit einer Beschäftigungstherapie vergleichbar, die man dem einstigen „Scharfrichter“ zukommen lassen hat. Doch stellt sich mir die Frage – hoffentlich hat das auch der Papst getan –, was nun der neue Verkünder von kirchlich richterlichen Strafen für böses Blut fließen lassen wird?

Was ist eine seiner neuen Aufgaben beim Obersten Kirchengericht? Für was oder wen gibt es dieses Gericht? Nun, dahin wenden sich die Priester, die sich, so sagen und behaupten sie es, zu Unrecht bestraft sehen. Zum Beispiel wegen sexuellen Übergriffen an Schutzempfohlenen. Glaubt denn der Papst tatsächlich, dass dieser neue Richter auf diesem Posten keinen Schaden anrichten kann und dass man ihn unter Kontrolle hält? Wie naiv muss man sein, das zu glauben, oder wurde diese Entscheidung von einem Virus übernommen, das sich im Verkünder der Richterplatzierung eingenistet hat? Wird wohl so gewesen sein, denn anders kann ich mir das nicht vorstellen.

Wer sich weiter informieren möchte, dem empfehle ich, folgenden Link im Internet einzugeben.
https://www.regensburg-digital.de/kardinal-mueller-radikalisiert-sich-weiter/13122021/

Heiliger Abend im Petersdom

https://www.deutschlandfunk.de/papst-franziskus-feiert-christmette-im-petersdom-106.html

Am 24. Dezember 2021 wurde in Gegenwart von 1500 Besuchern und Kirchendienern (ca. 500) im Petersdom die Christmette mit dem unfehlbaren (hüftgeschädigten) Papst gefeiert. Alle trugen eine Maske, nur der Heilige Vater, der Unfehlbare, ist ohne Covid-19- und Anti(k)omikronmaske in der Kirche herumgelatscht. Als ich den so herumwatscheln sah, tat er mir (fast) leid, doch wenn jemand glaubt, er könne als einziger ohne Schutzmaske in Anwesenheit vieler schutzbedürftiger Gläubigen herumspazieren, dann vergeht mir das Gefühl von Mitleid. Meinte er tatsächlich, er würde niemandem etwas „Böses" antun, weil er der Heilige Vater ist, den sein Papa im Himmel vor Viren jeglicher Art schützt und den somit nie jemanden anderen mit gefährlichen Viren anstecken kann? Ja, so schreibe ich, denkt er. Wenn er schon vor allem Leid geschützt ist, warum hat er dann ein Hüftleiden? Vermutlich war das ein früheres, göttlich liebes Weihnachtsgeschenk, welches erst Jahre nach Erhalt sichtbar und schmerzhaft zur Entfaltung kam. Nun, da er ja „göttlich" ist, hätte man ihm die Strapazen des Gehens ersparen können, indem man ihn auf eine Bahre, ... halt, stopp, das kommt erst später, mit seinem tragbaren Papstthron in die Kirche hätte tragen können. Im Vatikan gibt es sicher zwölf kräftige Burschen (bei ganz festlichen Anlässen nimmt man den „großen Tragethron), die den tragbaren Petristuhl (die Sedia gestatoria – Papstthron) mit dem Papst darauf herumtragen können. Netter Nebeneffekt für die Träger ist, dass sie ihre Sünden und die noch kommenden bereits dann abgebüßt haben. So hätte er, der Papst, sich den beschwerlichen, schmerzhaften Einmarsch in den Tempel Gottes ersparen können. Es war für jeden der Anbeter des Jesuskindes zu sehen, wie … unsicher der Papst den Weg ging und sich auch die paar Stufen zum Altar hinauf quälte. Ohne Hilfe eines „Betreuers" wäre es vielleicht zu einem „Kirchensturz" gekommen. Das eigentlich Fatale ist, dass man, auch mit allen gebotenen Vorsichtsmaßnahmen, eine Messe abhielt, bei der viele Menschen in einem Raum teilnahmen. Zu den Weihnachtsfeiern der Jahre davor wurden Kirchenbesucher zur Christmette nicht zugelassen. Waren da die Schutzmaßnahmen nicht gegeben? Oder scherte man sich dieses Weihnachten 2021 einen Dreck darum? Hauptsache, die Diener am Altar zelebrierten ihre Messe nicht vor leeren Rängen? Macht ja keinen Spaß, in einem leeren Haus Gottes Worte zu verkünden, welche die Gläubigen zu glauben haben. Also, was macht man? Man erhöht die Schutzmaßnahmen, angeblich zumindest (nur mal so ein Gedankenspiel von mir) um den Kirchensaal zu füllen – wenn möglich auch die Kirchenspendenkisten.

Der Papst starb am 29.12.2021 – nur er wusste davon nichts

https://de.yahoo.com/nachrichten/nachrichensprecherin-erklart-den-papst-falschlicherweise-fur-tot-185039174.html

Papst Franziskus ist weiter quietschfidel, ok, nicht ganz. Wurde er deshalb schon mal live im Fernsehen für tot erklärt? Einer britischen Nachrichtensprecherin passierte dieses Missgeschick, da sich auf dem Teleprompter ein falscher Text eingeschlichen hatte. Nun ja, dann gab es zur Geburt Jesu auch gleich noch eine Auferstehung eines Toten, des Vertreters Gottes auf Erden. Auch nicht schlecht, das hat noch kein Papst hinbekommen. Ein Twitternutzer schreibt: „Wie unhöflich vom Papst, einfach am Leben zu bleiben und sie, die Nachrichtensprecherin, damit Lügen zu strafen.“ Wieder einmal hat wohl der kleine miese Omikronvirus seine Hand (Andockspitzen) im Spiel gehabt. Leute, dann lasst euch doch gegen den Tod und die damit verbundenen Todesnachrichten impfen, auch wenn es nur ein Fake ist.

Omikron kam und die Kirche schwieg erneut

Im Jahr 2021 kam ungesehen eine neue Mutante des Covid-19-Virus über uns hereingebrochen. Man hätte meinen müssen, dass da die Kirche besonders laut zu schreien anfangen würde. Doch was war? Sie schwieg. Ja, warum denn nur? Hat sie sich dem Virus geschlagen gegeben? Ja, das hat sie, dafür musste sie sich aber mit anderen ihr sehr gefährlichen „Ausgrabungen" ihrer Schlechtigkeiten aus vielen Jahrzehnten auseinandersetzen. Es ging um Kindes- und Jugendmissbrauch. Und im Januar 2022 traf es sogar die bayrisch/katholische Kirche von München und Freising knüppeldick – vom Himmel? Rückwirkend sogar den ex-geheiligten Vater Benedikt in Rom. Es wurde tatsächlich noch der Kardinalsdreck aus der hintersten Ecke des Bischofspalastes hervorgekehrt, den Papa Ratzinger hinter einer Kommode unter einen Teppich gekehrt hatte. Lang blieb der verschollen, doch eine gute Reinigung (Recherche) holte aus der letzten Ritze den Schmutz hervor, der verborgen hätte bleiben müssen, bis man nicht nur den Sünder, sondern mit dazu auch den „Schandfleck" weggeräumt hätte. Auch einer seiner Nachfolger, ein Erzbischof mit einem marxistisch klingenden Namen, wurde an das Tageslicht geschubst. Auch er wurde einer (mehrerer?) „Lüge(n)" überführt, was das Schützen von Tätern in der Gilde der Priester angeht. Dieses kirchliche Virus, das niemand jucken sollte, ist nun äußerst penetrant zu denen, die Schaden an anderen angerichtet haben. Unter dem „Mikroskop der Wahrheit" wird in der Petrischale jede kirchliche Schande vergrößert, und das nun seit Anfang des Jahres 2021. Damit schlagen sich jetzt die Oberen der geheiligten

Kirche mit dem eigens geschaffenen Virus der Abartigkeiten herum. Ihr selbst geschaffenes Virus treibt die Gläubigen aus der Kirche und der Kirchengemeinde. Die Kirche schaufelt sich selbst ihr unheiliges Grab – und keiner trauert um sie. Was soll ich dazu sagen? Hurra? Wurde auch Zeit? Na endlich? Ja, warum nicht? Was würden Betroffene des Grauens, was man über ihre Körper und Seelen gebracht hat, sagen? Weg mit diesen Gottesheuchlern? Verrecken sollen sie. Verbrennt sie? Ich weiß es nicht, was jeder Einzelne sagen würde. Doch jetzt holt das eigene Kirchenvirus die Herren der Kirche in ihrer Schlechtigkeit ein und zeigt ihnen auf, dass auch auf sie mal das Grauen zukommt. Da hilft ihnen kein Gott. Ein Gott, an den viele von ihnen selbst nicht einmal glauben. Ja, dieses Virus der Offenlegung und der Erkenntnis ließ sie, was das Omikronvirus betrifft, plötzlich schweigen. Plötzlich hatten sie keine Lust mehr, sich für andere einzusetzen. Sie dachten nur noch an sich und das Überleben. Da störten Hilfen für die, die dringend die Hilfe benötigen. Das hätte sie unnötig aufgehalten, um für ihr eigenes Überleben zu kämpfen. Ok, das, was Sie nun gelesen haben, ist zum Teil nur ein Gedankenspiel von mir. Doch beinhaltet es reichlich Aussagen, die der Wahrheit entsprechen. Und nach der Covid-19-Zeit folgte wieder eine Zeit der katholischen Freude. Sie brauchte sich nicht mehr um diese lästige Virensache kümmern – in Verbindung mit allzu vielen jammernden Hilfesuchenden, wenn auch diese Suche nach Hilfe berechtigt war.

Die Katholische Kirche – und nicht nur die in der Bundesrepublik Deutschland, sondern weltweit – hatte sich noch vor der „Beendigung“ der Coronakrise plötzlich mit einer anderen, einer sehr lästigen selbst geschaffenen Virusflut (sexueller Missbrauch durch Kleriker an Schutzbefohlenen) auseinanderzusetzen. Die Menschen wussten schon seit vielen Jahren von diesem kirchlichen sexuellen Virus, besonders die Betroffenen, die Schwächsten in unserer und damit auch in der Gesellschaft der Kirche. Gerne hätte die Kirche alles, was inzwischen an Schandtaten sexueller Art ans Tageslicht kam, mit reichlich Beweismaterial weiter im Dunkel belassen. Doch das katholische Virus hatte sich in den letzten Jahren zu sehr verbreitet, als dass man es noch seitens der Kirche verbergen bzw. totschweigen konnte. Es war in aller Munde. Überall konnte man davon lesen und auch sehr vieles über die Medien und das Internet zu lesen bekommen. Nichts war mehr zu verbergen, der Berg der Schande kam ins Rollen und begräbt nun die Kirche – weltweit –, hoffe ich. Und sicher alle, die das kirchliche Martyrium im Namen des Herrn über sich ergehen lassen mussten. Da half auch nicht die Affenhaltung: „Nichts hören, nichts sehen und auch nichts sagen.“ Der Teufel reitet nun mit ihnen in die Hölle. Gelobt sei Jesus Christus. Hier sage ich nur: Amen (Ja, so sei es). Sollte jemand sich mehr über den Teufel der Kirche, dessen begangene Monstertaten, informieren wollen, dann schaut bitte ins Internet. Stichworte wie: „Kinderschändung in der Kirche“ oder „Priester missbrauchten Kinder“ usw. genügt, um vieles von sexuellen Übergriffen der Priesterkaste an den Schwächsten in unserer Gesellschaft dort finden zu können. Ja, dieses scheußliche Thema ist inzwischen das neue Virus, das die Kirche in ihren eigenen Reihen versucht zu bekämpfen – sagt man. Sagen die hohen Herren der Kirche, die Oberpriester. Totschweigen ist ihnen am liebsten.

Dieses Virus muss bekämpft werden. Die Kirche kämpft um ihr Überleben, weil ihr Virus weit verbreitet ist. Wenn man dieses Virus besiegt und vernichtet hat, dann bleibt nicht mehr viel von der heiligen Institution Kirche der Liebe Gottes übrig. Sie vernichtet sich somit selbst. Doch was kommt dann nach ihr? Ein neuer kirchlicher Platzhalter im alten Gewand, jedoch mit anderem Namen? Egal, ich bekomme es eh nicht mehr mit, doch schon jetzt habe ich großes Mitleid mit denen, die dann in die neuen kirchlichen Fänge geraten und nicht mehr loskommen. Nachahmer des Alten, des oft sehr Bösen, gibt es immer und zu jeder Zeit. Und wer trauert dann um das Vergangene? Ich? Sie? Ich hoffe niemand.

Die Gottes-Entropie nimmt immer mehr Fahrt auf

Der religiöse Glaube, ebenso wie auch das Vertrauen in eine transzendente (kirchliche) höhere Macht, haben nicht nur bei den Deutschen im Verlauf der Corona-Krise rapide abgenommen. Um das zu untermauern, gibt es umfangreiche Studien, die das Davonlaufen von Gläubigen aus der Religionsgemeinschaft bestätigen. Forscher hatten zwischen Juni 2020 und November 2021 über 4.500 Personen beider großen deutscher Glaubensgemeinschaften befragt. Darunter befanden sich auch Personen, die ohne Anbindung an eine Religionsgemeinschaft ihre Religiosität zu Gott ausübten, sich aber in der Coronakrisenzeit durch erlebte Enttäuschungen durch die Kirchen und deren Glaubensinhalten entrissen.
Im Juni 2020, kurz nach dem ersten Lockdown, gaben noch über 60 Prozent der Katholiken an, einer helfenden und alles liebenden höheren Macht zu vertrauen. Von August bis November 2021 waren es nur noch ca. 36 Prozent. Bei der katholischen Konkurrenzkirche, den Protestanten, sank die Zustimmung im gleichen Zeitraum von 52 auf 38 Prozent. Und wie war es bei den religiös Ungebundenen? Nun, bei denen sank die Zugehörigkeitszahl von 37 auf 25 Prozent. Beachtlich, beachtlich. Wer hätte das gedacht?
Wie stand man zu der Aussage, dass der Glaube zu einem Kirchengott eine Kraftressource sei? Hier rutschte die Zustimmungsrate der Katholiken von 49 auf 23 Prozent, bei den Protestanten von 33 auf 24 Prozent und bei den religiös Ungebundenen von 26 auf 19 Prozent in den Keller. Und die befreiende, erlösende Schlittenfahrt ging weiter. Ob das den Vertretern der Kirchen gefällt? Allein Schlittenfahren macht keinen Spaß – zusammen schon. Doch wenn

es niemanden gibt, der mit einem andern eine Fahrt der Freude machen will, dann sollte man sich sehr genau überlegen, woran das liegt und sich gegebenenfalls ändern, um wieder „Freunde“ um sich zu haben – Amen.

Die gelesenen Zahlen, die sich in den vergangenen Monaten sicher noch weiter zuungunsten der Kirchen verändert haben, sprechen eine deutliche Sprache gegen die Kirche und dagegen, in der Kirchengemeinde zu bleiben. Sie sind nicht zu verleugnen. Religiöser Glaube soll den Umgang mit schwierigen Lebenssituationen erleichtern und in der Pandemie zum individuellen Wohlbefinden beitragen können, dachte man immer – doch weit gefehlt. Es lag nicht an angebotenen heiligen Messen unter erschwerten Bedingungen. Nein, es lag an der nicht oft vorhandenen Aufrichtigkeit der Kirchen und deren Einsatz bei den krisengebeutelten Menschen. Sie haben auf ihre Kirche gebaut und gehofft und wurden von ihren Vertretern kläglich bis schamlos allein gelassen. Diese Enttäuschung war für viele zu groß. Sie zerschnitten das Band zu ihrer einst so geliebten Kirche, von der sie nie annahmen, dass sie sie so erbärmlich im Stich lassen würde, als man sie am dringendsten brauchte.

Und zu allem Unglück für die Kirchen kam dann auch noch das riesengroße Thema des kirchlichen Missbrauchs und deren vieler Aufdeckungen bis in die obersten Hierarchien auf. Auch hier nahm die rasante Fahrt zu und lässt sich, Gott sei Dank, ja, Gott sei Dank, nicht abbremsen. Zu dem Problem der fast schon unterlassenen Hilfeleistung in der Zeit der Coronapandemie hätten die Mächtigen der Kirchen weltweit dieses bisher verschleierte Thema nicht breittreten und ans Tageslicht schleppen brauchen. Das schlug der Kirche fast den Kopf ab. Wer weiß, vielleicht kommt das ja doch noch. Doch die kirchliche Entropie nimmt weiter und weiter und immer schneller ihre Fahrt auf. Ist sie noch zu stoppen? Ja, aber nur, wenn die Kirchen endlich das machen, was vor Urzeiten ihr heiligster Auftrag war – für den Menschen da zu sein – und nicht nur in der Not. Und mit viel Liebe zu den Menschen, wie es Jesus seinen Aposteln, seinen Verkündern, predigte. Erst wenn das wieder ihre vordringlichste Aufgabe und das wichtigste Gebot wird, erst dann wird sich der Austritt aus der Kirche abbremsen lassen. Die Entropie wird sich in Wohlgefallen auflösen. Dazu kommt es erst, wenn wieder viel gute Energie in die Herzen und Gedanken der Gottesdiener fließt. Wenn sie nicht nur an sich denken, sondern nur an die anderen, wie sie denen echtes Seelenheil und Wohlbefinden wie ein (Gottes)geschenk geben können.

Ab dem 20. März 2022 (Frühlingsanfang) war dann mal Schluss mit dem Covid-19-Virus. Genau genommen ab dem 01. April 2022 auf den 02. April 2022. Da fiel dann über Nacht die Covid-19-Schutzmaskenpflicht weg. Nun sind es wieder alle, die ihre Masken fallen lassen. Oder gibt es einen Personenkreis, der ganz bewusst die Masken aufgesetzt lässt, damit man ihr hämisches Lachen nicht sieht? Wie auch immer, ich habe mithilfe des Internet vieles aufgezeigt, wie die Männer der Kirche ihre Masken in der Coronazeit fallen gelassen haben. Das wollte und sollte eigentlich niemand so genau im Detail sehen und (mit)erleben.
Das Fallenlassen der Schutzmaskenpflicht hat die Bundesregierung beschlossen. Und nein, es war kein Aprilscherz.

Wie, was … ehrlich? Ja, (fast) alle Maßnahmen, sich vor Corona zu schützen, außer die Impfungen gegen das schädliche Virus, wurden aufgehoben. Darüber hat sich die Kirche auch sehr gefreut. Ab da mussten sie sich nicht mehr mit Hilfesuchenden und Geldbettlern beschäftigen. Noch heute sind sie mit sich selbst beschäftigt, um nicht im Sumpf ihrer eigenen Schande, auch in der Zeit von Corona, für immer zu versinken.

Was es aber noch gab und gibt, sind die nicht zu zählenden Covid-19-Viren. Was man noch weiterhin zählen kann, sind die Menschen, die mit den Covid-19-Viren angesteckt werden. Auch die Zahlen der Kranken in den Notstationen der Krankenhäuser. Zählt man auch noch die Priester, die zu den Kranken gehen? Nein, da kommt eh keiner mehr. Warum auch? Gibt es für sie noch das (immer wieder) tödliche Covid-19-Virus? Ich sag mal … „nein". Und warum? Er stört bei ihrer Geldvermehrung!?

Nun ist es geschafft. Ich bin mit dieser virenverseuchten Kirche fertig – Amen.
Mein größter Wunsch ist es, dass mein kleines Werk bei den Lesern viel Freude geweckt hat, wenn auch nicht alles zur Freude beiträgt, was zu lesen war.

Gruß
Alec Woods

Meine Prophezeiung: Corona und Kirche werden noch lange ihr Unwesen treiben.